株大暴落、恐慌目前!

Stock Market Crash
 - Great depression is approaching

──資産家は
恐慌時に生まれる

浅井隆

第二海援隊

プロローグ

不況の唯一の原因は、好況である。

（J・ジュグラー：ジュグラーサイクルの提唱者）

一年半以内に株の巨大暴落がやってくる!

壮大な軍事パレードで習近平が中国の力を見せつけた二〇一九年一〇月一日の「国慶節」の翌日から、世界はニューヨーク発の株価大暴落に見舞われた。これは、あくまで前兆だ。本番は、一年半以内にやってくる。

いよいよ、大恐慌へ向け世界経済は最後の突撃を開始したのだ。

実は、あのリーマン・ショックを事前に当てていた数少ない専門家の一人であるウィリアム・ホワイトが、最近とんでもない予言を発し始めた。

同氏は、いわゆる〝普通の人〟ではない。というのも、スイスのバーゼルにある「BIS」をご存じだろうか。「国際決済銀行」というこの特殊な銀行は、世界の中央銀行を束ねており地球上のほとんどの銀行を監督する金融の最中枢なのだ。もちろん、一般の銀行もBISの傘下にある。ウィリアム・ホワイトは、そのBISの元チーフ・エコノミストであり、世界のマネーの流れや金融システムの状況を誰よりも詳しく把握している人物なのだ。

その彼が、最近発した重大な警告とは何か。それこそ、「まもなく全世界を巨大債務不履行の波が襲うことだろう。現在の状況は、二〇〇七年（リーマン・ショックの直前）より深刻である。現在、世界の金融システムは大変不安定な状況になっており、大量破産の津波が押し寄せるだろう」というものだ。

では、その原因とは何か。トランプ大統領による米中貿易戦争か、中国の地方政府が抱える不良債権か、それともすでに始まったオーストラリアの不動産下落か。いや、確かにどれも深刻な問題だが、それらは枝葉末節に過ぎない。

本当の原因は、二京七〇〇〇兆円というものなのである。これはつまり、人類が抱えた史上最大最悪の借金なのだ。

しかも、こうした状況下で私たちの大切な預貯金を預かっている邦銀が、とんでもないことをしでかしたのだ。リーマン・ショックの直接的原因となった「CDO」と同類の「CLO」（前回は不動産ローン、今回は欧米企業向けローンを元に作られた商品）を大量に買い込んでしまったのだ。今後、株価が下がり金融危機がやってくれば邦銀は絶体絶命の窮地に陥り、私たちの預貯金は海のもくずと化すかもしれない。

そこで本書では、現状の解説だけでなく生き残りのための心掛けやノウハウまでを詳しく書いたので、皆さんの財産を守るための救世主となること請け合いだ。ぜひ中身を熟読されて、生き残りをはかっていただきたい。

皆さんの幸運を祈る‼

二〇一九年一〇月吉日

浅井　隆

株大暴落、恐慌目前――――――目次

第三章 農林中金、ゆうちょ、三菱UFJは〝毒まんじゅう〟を食べた――あなたの預貯金は本当に大丈夫か

第六章　財産保全の極意【守り】

第七章　ピンチをチャンスに変える特別なノウハウ【攻め】

エピローグ

※注　本書では、特別記載のあるところ以外の為替は一ドル＝一〇七円で計算しました。

第一章 二京七〇〇〇兆円という人類史上最大・最悪の借金（＝バブル）が爆発する時

私の生きてきた人生で、世界経済は最もリスクの高い時代になった。

（ロバート・ルービン：元米財務長官）

すでに全世界ではじまっている〝予兆〟

世界は今、壮大な「嵐の前の静けさ」の中にいる。そしてもし、そのことをあなたが気付いていないとしたら、それは大変なことだ。なぜならば、このままボーっとしていたらあなたは人生最大の危機に遭遇し、全財産を失ってしまうかもしれないからだ。

では、なぜそのようなトンデモないコトが起きるのか。その理由は明白だ。真犯人は二京七〇〇〇兆なのである。もちろん、単位は円だ。これは現在人類が抱えてしまっている「借金の総額」で、これには「政府」「企業」「金融機関」「家計（個人）」の四つがすべて含まれている。

この京は「ケイ」と読み、兆の一万倍の単位を表すものだ。普通、日常生活で使うことのないもので、まさに天文学的数字ということができる。日本国政府の借金が一二〇〇兆円くらいで、先進国最大だから「とんでもない」と騒いでいるが、二京七〇〇〇兆円というのはそのようなレベルのものではない。まさに、「頭がオカシイほどの水準」と表現してもよいだろう。

ここで一つ、皆さんにどうしてもお話しておかなければならないことがある。人間の体でもまったく同じことが言えるが、血液検査をして肝臓の数値が異常だった場合、放置していればやがてとんでもないことになる。最悪の場合、死が待ち受けている。経済の場合でもまったく同様で、人類史上最大最悪の「借金」をしてしまった結果と後始末は、すさまじいものとなるだろう。

ところで、よく考えてほしい。この、「借金」とは何かということをである。ここで言っているのは経済学的な定義のことではない。日本のバブルの頃を思い出してほしい。一九八〇年代後半のことである。世はまさに狂乱のまっただ中にあり、株価、地価は天井知らずに上がり、マスコミまで財テクをあおっていた。当時は「借金して投機しない人間は無能」とまで言われ、入社一年目の何もできない証券レディのボーナスが三〇〇万円という状況だった。

私が何を言いたいかというと、世間が借金をしまくっている時は、イコール

人類が抱える2京7000兆円の借金

2京7000兆円

- **政府**（7239兆円）
- **企業**（7993兆円）
- **金融機関**（6639兆円）
- **家計（個人）**（5129兆円）

（2018年末　1ドル＝111.02円で計算）

〝バブル〟だということである。ということは、今、人類が史上最大の借金をしてしまったということは、地球上のどこもかしこもバブルだということだ。

たとえば私が年に一回は訪れるニュージーランドなどは、今から二〇年前の二〇〇〇年頃は不動産価格が驚くほど安く、最大都市オークランド（ニュージーランドの全人口の四分の一以上が住んでいる）でも、湖のほとりの目を見張るような豪邸がたったの三五〇〇万円だったことを覚えている。それが今や、東京をはるかに超える値段にまで暴騰してしまった。大した庭もなく、建て直さなくては住めないようなボロ屋で一億円近いという狂気の沙汰《さた》に近い状況が生まれている。これは、中国人とアメリカ人が買い漁った結果である。

お隣のオーストラリアでも似たような状況が発生している。二年ほど前まで、オーストラリアでは不動産も景気も二七年間右肩上がりという、夢のような状態が続いた。そこでオーストラリア人は、こぞって借金をして不動産を購入。その結果、オーストラリアの家計債務（個人の借金）はＧＤＰ比で一二〇％という恐るべき水準に到達した。これはリーマン・ショック直前のアメリカをはるかに超えるものであり、すでに逆回転が始まったオーストラリア経済には、大変な未来が待ち受けていることだろう。

世界がいかにバブルだったかは、次の事例にも端的に表われている。今から二年前の香港のオークションでは高級スコッチウィスキーの「マッカラン」のヴィンテージ物が一本四〇〇〇～五〇〇〇〇万円で取引されていただけでなく、こぶし大の「香木《こうぼく》」がやはり五〇〇〇万円くらいで金融関係者の間で売買されていたという。八〇年代の日本のバブル期を上回る〝ハイパーバブル〟が吹き荒れていたのだ。二〇一八年一〇月に私は香港の不動産バブルの実情を調べるために現地を訪れたが、一三〇平米の中古マンションが日本円に換算して一三億円もしていたのには仰天した。同じような条件の物件は、東京ならば二億円もしないだろう。実に、七倍以上の異常な価格だ。

これは、中国本土からの投機マネーが引き起こしたものだが、香港でも多大な借金をして家を買う人が増えたために香港の企業債務と家計債務の合計は、GDPの三〇〇%という天文学的数字に膨れ上がった。この三〇〇%というのは、リーマン・ショック直前のアメリカの二倍近い数字であり、まさに狂気の沙汰ともいうべき状況だ。

このように、地球上のあらゆるところで「借金」がバブルを引き起こし、世界の金融システムは極めて不安定な状況に陥っている。つまりリーマン・ショック後の一〇年間、各国政府が景気を下支えし、中央銀行が前代未聞の金融緩和を断行したため、人類史上初ともいうべき異常な低金利が出現。これが永遠に続くと錯覚した個人や企業が、借金をしまくったのだ。そこでダブついたお金が、投機の対象を求めて世界中をさまよった。その意味では、二〇一七年をピークとする今回の事態は、史上最大最悪のバブルと言ってよいかもしれない。

そこで、次にやってくる危機に関してぜひ知っておくべき重要なポイントがある。それこそ、次の内容である。心して読んでいただきたい。「各国政府と中央銀行がなりふり構わず支えているため、破局がやってくるのには多少時間がかかる。そして、人々は嵐がすぐにやってこないので、油断して全財産を失う!!」というものである。しかも、そうした政府や中央銀行による下支えは

世界の総債務額とその主な内訳

世界の総債務（2018年）

➡2京7000兆円

＝過去最大

米企業債務

➡15兆ドル超

（1600兆円超）＝過去最大

中国/上海・深圳証券取引所上場
3500社（金融除く）総債務（2019年3月末）

➡600兆円超

＝6年で2倍以上に

新興国のドル建債務

➡3.7兆ドル（約400兆円）

＝10年で2倍

「利下げはバブルの延命にすぎない」

〝延命〟に過ぎないため、破局がやってくる時期が遅くなればなるほど、その衝撃と被害はすさまじいものとなる。

というわけで、恐慌の引き金となる株大暴落は本来ならば、二〇一八年か二〇一九年にやってきてもおかしくなかったのだが、現実には以上のような理由から今後一年半以内、二〇二〇年ないし二〇二一年にズレ込む可能性が高くなってきたのだ。しかも、先ほども述べた通り、それがやってくる時期が遅れれば遅れるほど、その破壊力はすさまじいものになる。

次の恐慌の発源地はどこだ?

では、実際に次にくる恐慌の発源地はどこになるのか。歴史のパターン性が示すところによれば、おそらくそれは「中国」だ。資本主義の歴史には「覇権の移行」という恐るべきパターン性がある。資本主義が現在のような形になって以降、恐慌(バブル崩壊)と覇権の移行の間には明らかに重大な関係性があ

覇権は800年の波の中で国家間を移動

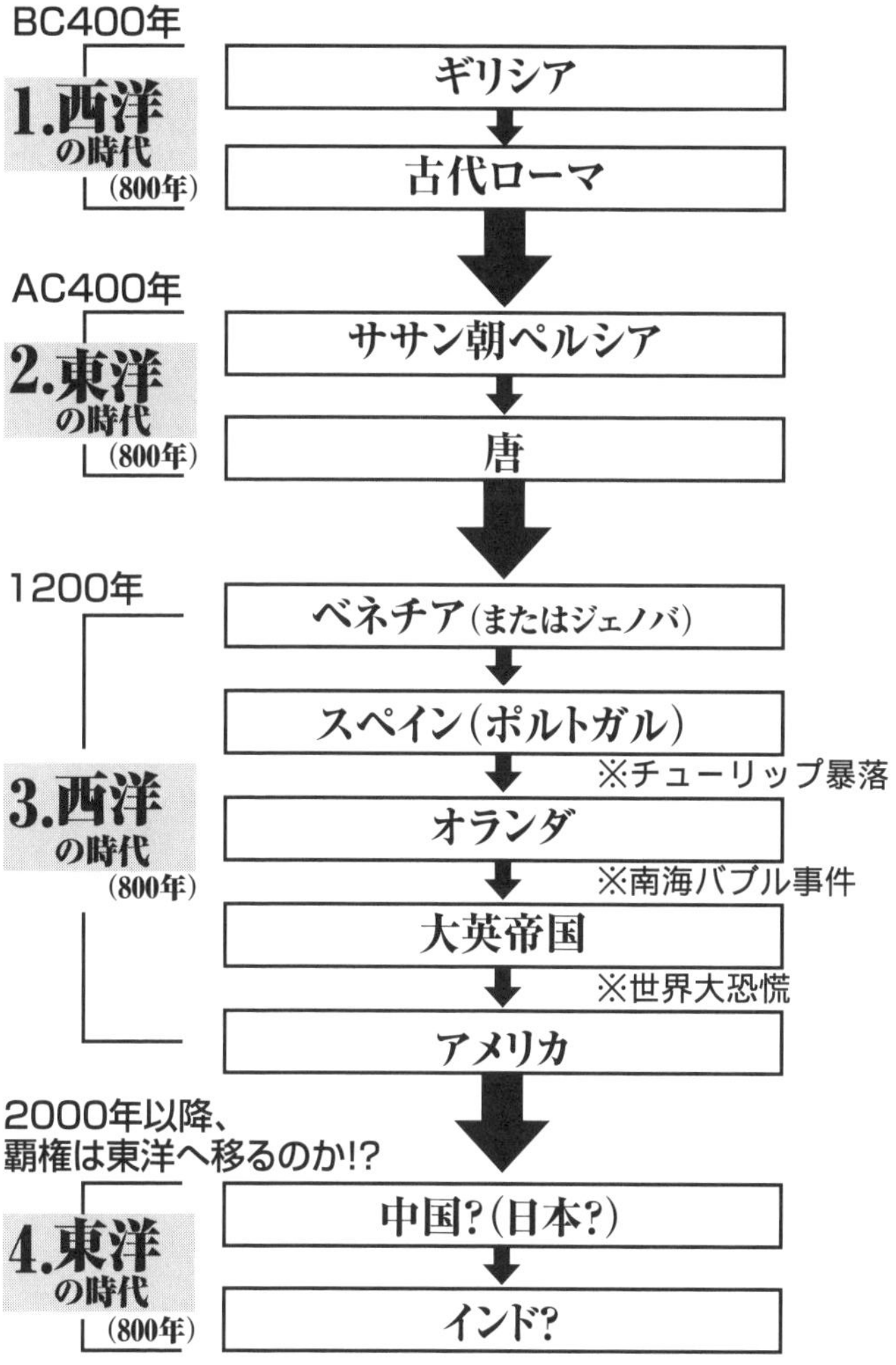

る。スペインが没落し、オランダが大商船団を率いて世界一の大国にのぼりつめようとした時に、かの有名な「チューリップバブル」が膨張し弾けて、一〇年以上にわたってオランダ経済は死んだも同然という深刻な状況に陥った。

やがて時が経ち、オランダが徐々に世界一の座からすべり落ち、次の覇権大国として大英帝国（イギリス）がのし上がってきた時、そのイギリスで「南海バブル事件」が起き、そのバブルの膨張と崩壊によってイギリス経済は一時、死んだも同然の奈落に落ちた。あのニュートンが全財産を失ったのは、ちょうどこの時だ。

そして、いよいよ前回の覇権の移行がやってくる。大英帝国→アメリカへ巨大パワーが移る時、世界中が血に染まった。大英帝国の世界の警察官としての影響力が弱まったため、世界中が勝手なことを始めついに第一次世界大戦が勃発。さらにしばらくしてアメリカのバブルが崩壊し、全世界に瞬く間に伝播して世界大恐慌にまで発展。日本にも昭和恐慌（昭和二年＝一九二七年）に追い打ちをかけるように世界恐慌の津波が押し寄せたため、大不況のハケ口を求める格好で満州や中国へ進出せざるを得なくなり、その結果軍部が台頭。やがて、世界は第二次世界大戦という未曽有の大災害へと突入することになる。

こうして覇権が大英帝国→アメリカへと移るまでの間に、二度の悲惨な世界大戦と大恐慌という経済大災害に見舞われた。このように、世界経済が一体化すればするほど恐慌は瞬く間に地球上すべてに広がり、世界中を阿鼻叫喚の奈落に叩き込む。

では、今現在、私たちはどういう時期に生きているのか。はっきり言おう。経済にとってもっとも危険なその「覇権の移行期」の真ったただ中に生きているのだ。つまり、戦後世界を支配したアメリカという〝太陽〟が徐々に西に傾き、いまだ地上を照らしてはいるものの、その光は大分衰えてきた。その間隙をぬう形で、中国という次の覇権大国（おそらく次が中国だというのは間違いないだろう）が頭をもたげてきた。それに激怒したアメリカが、米中貿易戦争という形で中国の行く手をはばもうとしているのが今の状況だ。

そこで、もう一度おさらいしておこう。前回（二〇世紀前半）の覇権の移行では次の大国となったアメリカでバブルが崩壊し、それが全世界に波及して世界大恐慌となった。その過程で一番ひどい目にあったのがアメリカ自身で、全銀行閉鎖という最悪の事態にまで至っている。

ということは、今回の覇権の移行では次の大国となる中国が同じように発源地となり、しかもその中国自身が世界の中でも一番ひどい目に遭う可能性が高い。最悪、〝金融崩壊〟という事態にまで発展するかもしれない。

そういえば、直近の日本経済新聞（二〇一九年八月三一日付）に気になる記事が載っていた。「中国不良債権　半年で一割増」という見出しで始まる記事には、次のような恐るべき内容が書かれている。

中国の不良債権が膨張を続けている。二〇一九年六月末の残高は二兆二三五二億元（約三三兆円）と一八年末に比べ一割増えた。ほかに要注意先債権に当たる「関注類」が三兆六三一八億元あり、合計すると貸出額の五％弱にあたる九〇兆円に迫る。中堅・中小企業向け融資

世界の抱える問題

世界景気の
公共サイクルの
終焉（時間的問題）

不動産バブル
の崩壊

米中貿易戦争

VS

各国政府と中銀
によるなりふり
構わぬ対応

特にトランプによる
利下げ
習近平による
政府あげての下支え

↓

多少時間がかかる

**この構図の根底に
「2京7000兆円」の債務
という問題**

の不良債権化に歯止めがかからないためで、処理を進める過程で景気を一段と減速させるリスクがくすぶっている。

（日本経済新聞二〇一九年八月三一日付）

このように、私たちは「中国発世界大恐慌」の襲来に備えなければならない。先ほども述べた通り、中国がもし本当に次の覇権大国だとすれば、次の大恐慌の発火点は必ず中国であり、しかも中国が世界中で一番手ひどい目に遭うはずだ。それこそが歴史が教える必然であり、中国の運命である。しかも、その後に世界大戦に近い大きな戦争が起きる可能性すらあるのだ。

私たちは〝大変な時代〟の直前に生きていると言ってよい。中国共産党がどんなに権力を持っていようが、習近平がどれほど独裁的な力を発揮しようが、この歴史的なトレンドだけは止めることができない。そして、破局を先延ばしをすればするほど後々やってくる災難は巨大で深刻なものとなるだろう。

日本、中国、アメリカが抱える時限爆弾

日本	邦銀による海外投融資額 →460兆円超（19年6月末） 邦銀によるCLO →8000億ドル（86兆円）の残高の1割を占める
中国	地方政府の隠れ債務（18年末） →40兆元（620兆円） 政府債務と隠れ債務を足すと →GDP比100％を超える（19年末）
アメリカ	米企業債務の最大の問題 →投融資先の「質」の劣化 ＝「レバレッジドローン」への融資残高が120兆円まで膨張 ＝財務体質が脆弱で低格付けの企業＋債務不履行寸前の「トリプルC」格の企業への融資がレバレッジドローン全体の6％を占める

懸念される材料

今のところ（二〇一九年八月現在）、大きな変動の前兆はないが、トランプ大統領による米中貿易戦争の激化で投資家が慎重になった結果、一部に「逆回転」の兆しが出始めている。まず、二〇一九年五―六月に低格付け社債の投資信託から八〇億ドル（約八五六〇億円）の資金流出が発生している。

さらに、欧米ゾンビ企業向けのレバレッジド・ローン（詳しくは第三章参照）の発行も減っている。しかも、世界経済をけん引する米景気の拡大局面はどう考えても最終局面にきており、刻一刻とリスクは増している。

そうした中で、懸念すべき材料はゴロゴロしている。たとえば、米商業用不動産価格はリーマン直前の二〇〇七年の高値と比べて四〇％以上も上昇しており、完全なバブルとなっている。

こうした状況に対し、国際金融情報センターの玉木林太郎理事長（旧大蔵省財務官、元OECD事務次長）は次のようにコメントしている。

> 債務の量もさることながら、より深刻な問題は、債務の質が下がっていることだ。貸出先の財務の健全性をそれほど求めないコベナンツ・ライトや、信用力の低いレバレッジドローン、ハイイールド債が増えており、CLO（ローン担保証券）のような形で、世界の経済全体に薄く広くばらまかれてしまっている。（中略）
> 危機がいずれやってくるのは間違いない。（中略）リスクが重層的に積み重なり複雑化している。危機時の対応は一段と難しいものになるだろう。
> （日経ヴェリタス二〇一九年六月二三日付）

というわけで、私たちの未来（といってもそれほど先のことではない。せいぜい二年以内）にはとんでもない危機が迫っているのだ。とすれば、私たちはやはり備えるしかない。

第二章　リーマン・ショックを超える超巨大恐慌の到来

——天才たちの不気味な予言

もしも地獄の真っただ中にいるのなら、そのまま突き進むがいい

（ウィンストン・チャーチル）

〝ミンスキー・モーメント〟に備えよ!!

「世界の市場はミンスキー・モーメントに接近している」（米ブルームバーグ二〇一九年八月八日付）——米ニュージャージー州を拠点とするＦＥＴＩグループのガイ・ヘーゼルマンＣＥＯ（最高経営責任者）は金融危機の到来をこう警告した。このあまり聞きなれない「ミンスキー・モーメント」という金融用語を知っているという方は、よほど経済に精通していると言ってよいだろう。

この用語は、一九五〇年代に米国のバークレー大学（カリフォルニア大学バークレー校）で教授をしていたハイマン・ミンスキーの研究に由来を持ち、米債券運用大手ＰＩＭＣＯ（パシフィック・インベストメント・マネジメント・カンパニー）の元ポートフォリオ・マネージャーであるポール・マッカリーが考案したもので、市場関係者の間でもっとも恐れられている言葉の一つだ。意味は、「持続不可能なペースでの与信膨張後に資産価格が急落する」——

難しくてよくわからないと思うのでもう少しかみ砕いて言うと、常識外れた債務（借金）の増加による景気拡大が終わった後、その債務返済ができなくなった債務者が健全な資産まで売らなければならない状態に追い込まれ、その結果として様々な資産の価格が暴落して金融危機に発展する事態である。

それゆえ、投資家によってはミンスキー・モーメントを他の形容詞を用いて表現することもある――金融における〝大虐殺〟だと。

この用語の考案者であるマッカリー氏は、ミンスキーが主張した「金融市場における通常のライフサイクルには、泡沫的（泡《あわ》のようにはかない）投機バブルによる脆さが内在する」（ウィキペディア）とした金融不安定説の理論を用いて、先のリーマン・ショックを説明するのに使った。ミンスキーは、泡沫的な投機バブルによる脆弱性は「複雑な市場経済が生来的に備えている欠陥である」（同前）とし、金融不安定性の段階（サイクル）を以下のように述べている。

サイクル①調子のよい時、投資家はリスクを取る

サイクル②どんどんリスクを取る

サイクル③リスクに見合ったリターンが取れなくなる水準までリスクを取る
サイクル④何かのショックでリスクが拡大する
サイクル⑤慌てた投資家が資産を売却する
サイクル⑥資産価格が暴落する
サイクル⑦投資家が債務超過に陥り破産する
サイクル⑧投資家に融資していた銀行が破綻する
サイクル⑨中央銀行が銀行を救済する（ミンスキー・モーメント）
サイクル⑩最初に戻る

また、いわゆる「金融」には、「ヘッジ金融」「投機的金融」「ポンジー金融」の三種類があり、投機的金融とポンジー金融の比重が高まると経済は不安定な状態になる、とも述べている。ちなみにポンジー金融とは、〝狂騒の二〇年代〟と言われた一九二〇年代のアメリカで暗躍した詐欺師（！）チャールズ・ポンジーが生み出したポンジー・スキーム（「出資してもらった資金を運用し、その利益を出資者に配当金などとして還元する」などと謳っておきながら実際には資金運用を行なわず、後から参加させた別の出資者から集めたお金を以前からの出資者に「配当金」などと偽って渡すことで、あたかも資金運用が行なわれ利益が生まれてそれが配当されているかのように装うこと）を指す。「カネ余りが深刻化すると金融詐欺が横行する」とミンスキーは主張した。

これには、ある逸話がある。米ヘッジファンド、サイオン・キャピタルのマネージャーであるマイケル・バーリは、一九二〇年代のアメリカで詐欺が横行していたことを知り、二〇〇〇年代後半のアメリカでも金融詐欺が急速に増加している点に着目。それをもって一九二〇年代との類似性を嗅ぎ取り「バブルの末期だ」と判断したバーリ氏は、「CDS」というデリバティブ（金融派生商品）を用いてサブプライム・ローン関連の証券を実質的に空売りし、額にして二六億九〇〇〇万ドルもの利益を叩き出した。

過去の〝末期〟と同様に、私の肌感覚では金融詐欺が急速に増加している。私は出版社と同時に投資助言業の会社を経営しているのだが、最近になってそここに持ち込まれる案件は怪しいものが増えてきた。デューデリジェンス（投資対象の精査）をしてもわかるのだが、持ち込まれる案件の九割近くが詐欺やポンジー・スキームで、こうした怪しい案件の持ち込みはこの二〜三年で急速に増えている。まさに〝カネ余りの極み〟と言える状態で、バブルの末期症状だ。

ハイマン・ミンスキーの研究は、長い間ウォールストリートでは忘れられていた存在であったのだが、前出のマッカリー氏がリーマン・ショックを説明する際に用いたことで、改めて認識されるようになったのである。

そして一〇年が経ち、ガイ・ヘーゼルマンは世界経済が再びミンスキー・モーメントに接近していると警告した。ヘーゼルマン氏は、「近年経験してきたような低ボラティリティー（変動性）局面の持続によって、レバレッジやリスク追求の行動が大幅に増えた」（米ブルームバーグ二〇一九年八月八日付）とし、現状がミンスキーの言うところの〝サイクル③〟にあると指摘する。そして、「これまで目にしてきたように、ボラティリティーに変調があれば、マージンコール（編集部注：追証）に対応した資産売却の必要性がしばしば生じる。その結果、影響が波及しやすい状況となる」（同前）と、間もなくサイクル④〜⑥

に移行すると見通した。

ミンスキーは「経済の安定性こそが次なる不安定性を生む」と論じているが、ヘーゼルマン氏の説明もまさにそれを踏襲している。市場が落ち着いている間はリスクを取る姿勢が強まり、結果としてレバレッジ（負債）が積みあがるが、そうしたポジションはいずれ必然的に巻き戻されるということだ。当然、その際は相当な痛みを伴う。

ヘーゼルマン氏はまた、過度なリスクテイク（将来的な危険を承知でリスクを取りに行くこと）を促している原因の一端が金融当局にあるとして次のように批判を展開している――「米金融当局が自ら怪物をつくり出しているという点に全く疑いはない。各国・地域の中央銀行がずっと市場を下支えしたり実質利回りをマイナスのまま維持したりしようとしても、持続不可能だ」（同前）。

ミンスキーは金融サイクルには生来的に行き過ぎた楽観（リスクテイク）と悲観（リスクオフ）が備わっているとしているが、ヘーゼルマン氏はそのリスクテイクの部分を金融当局の緩和策がより助長していると言いたいのだろう。

ヘーゼルマン氏はこう続ける――「政策決定は無謀となっている。米金融当局による措置の意図せぬ帰結は極端かつ逆効果となる。当局は市場に膨大な不均衡や巨額の負債を生じさせ、ゾンビ企業を生きながらえさせて、金融資産のバリエーションをファンダメンタルズ（経済の基礎的諸条件）から大きく乖離《かいり》させている。こうした状況はいずれも反転するだろう」（同前）。

そう、「リスクテイクを人為的に長引かせようとしても、いつかは終わる」というわけだ。そして、「どこかの時点で世界市場がリーマン・ショック級の事態に直面する」と予告しているのだ。

四〇年にわたる資産インフレが終焉する⁉

より長期の観点で悲観的な見方をする者もいる。著名投資家のマーク・ファーバーだ。ファーバー氏はかねてから先のリーマン・ショックが次なる危機の前段に過ぎなかった可能性があると警告しており、直近の見通しでは四〇年にわたって続いた資産インフレの時代が、いよいよ終焉するとしている。四三ページのチャートを見れば一目瞭然だが、長期的な視点に立つと一〇年物の米国債の利回り（灰色の線）はほぼ一貫して低下してきた（価格は上昇してきた）。一方、株価（このチャートではアメリカで時価総額上位三〇〇〇社を加重平均して算出された黒い線のラッセル3000）も一貫した上昇を演じている。この債券と株価の長期上昇トレンドが、終わりを迎えるというのだ。しかも、その際には〝暴力的な変化〟が伴われると見通している。

ファーバー氏には〝ドクター・ドゥーム〟（終末博士）というニックネームが付けられており、「年がら年中、破局を唱えている」と同氏の予想をあざ笑う向きも決して少なくはない。しかし、そんなファーバー氏は過去に確たる実績を残している。

その代表例が、日本経済のバブル崩壊を正確に予期したことだ。なんと、日本経済が前例のないバブル状態にあった一九八九年一二月一五日に、「日本株を手仕舞う」と同時に「長期のプット・オプションの買い」（相場が下落した際に

ラッセル3000と10年国債満期金利長期チャート

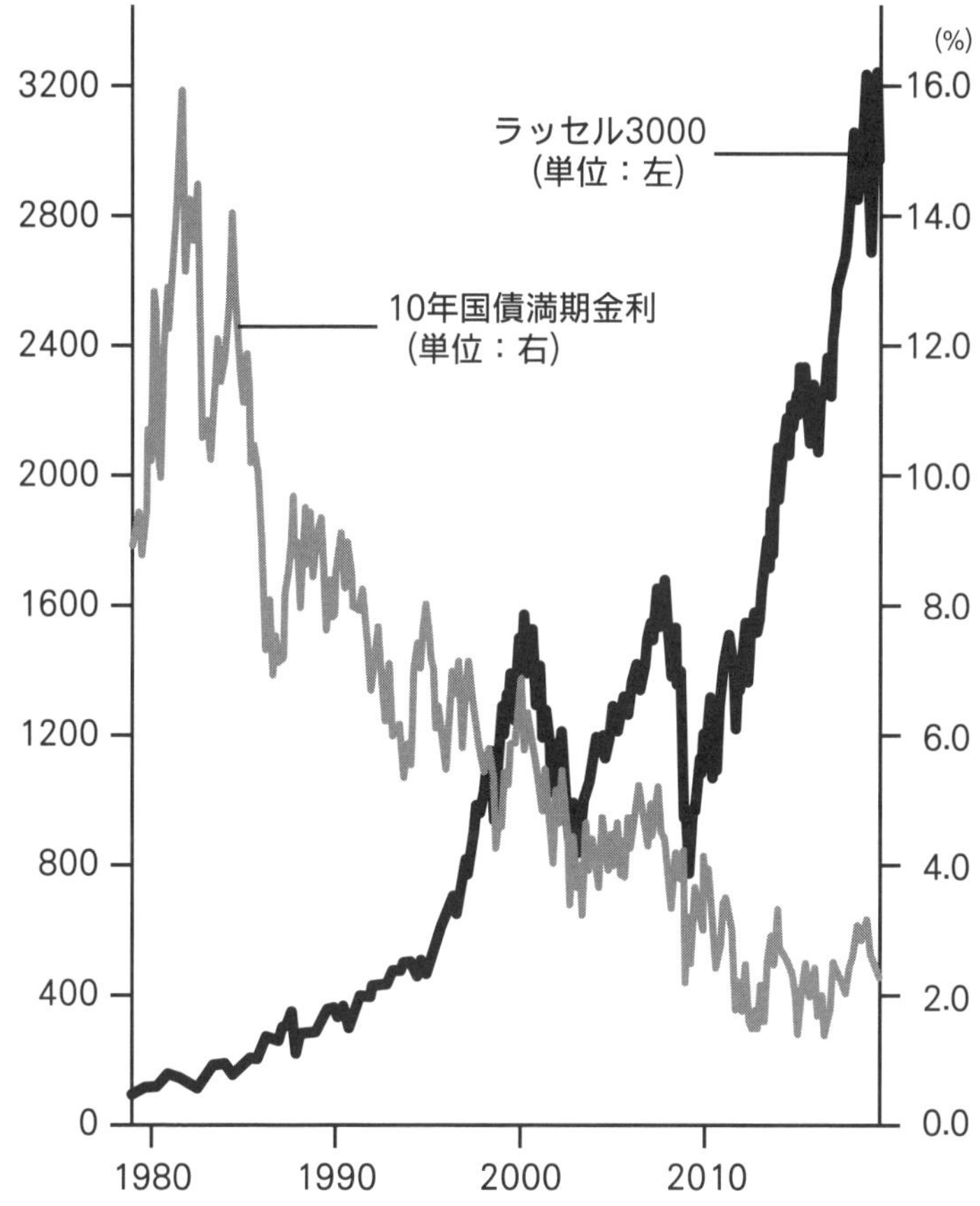

Board of Governors,FTSE Russellのデータを基に作成

利益が出るオプション取引の一種）を推奨したのである。また、その三年前の一九八七年に起きたブラック・マンデー（暗黒の月曜日）でも、事前に株式（この際はアジア株）の売却を顧客に通達していた。

ファーバー氏は、オーストリア学派の考え方に共感を抱いているようで、かねてからバブル崩壊への対応を巡って各国の金融当局を批判してきた経緯を持つ。このオーストリア学派とは、「中央銀行こそが景気循環の元凶だ」という考え方を持つ経済学者たちの派閥で、その考えを世界で初めて指摘したのがルートヴィヒ・フォン・ミーゼスという経済学者であった。

ミーゼスは、一九二〇年代の米国株バブルの崩壊を見事に予言したことで知られる。その頃のミーゼスはウィーン大学で経済学の教授を務めていたのだが、毎週水曜日の午後には生徒たちとウィーンの街を散策しながら経済を学ぶ課外授業をしていた。その際、オーストリア最大手の銀行である「クレジット・アンシュタルト」の前を通るたびにこう力説していたという――「そのうちに必ず破綻するでしょう」。

とはいえ、当時の欧州は「永遠の繁栄」（後に狂騒の二〇年代と呼ばれた資産バブル）と謳われた米国発の好景気が伝播され絶好調であった。それゆえ、生徒たちはミーゼスの言っていることをいぶかしがったという。

ところが、時を経てミーゼスの予言は的中した。一九三一年六月、ニューヨーク発の大恐慌のあおりを受けてクレジット・アンシュタルトが破綻したのである。そして同行の破綻をきっかけに欧州全土で銀行に対する信頼が失墜、間もなく大規模な金融危機に発展した。クレジット・アンシュタルトの破綻からわずか二ヵ月後にはドイツの大手銀行「ダナート」が破綻し、結果としてナチス政権が生まれ、やがて世界は第二次世界大戦に突入するのである。

不思議なことに、ミーゼス率いるオーストリア学派の学者たちは一九二〇年代に次から次へと金融恐慌の到来を予測し、そのほぼすべてを的中させた。たとえばミーゼスの教え子であるフェリックス・ソマリーは、一九二六年の時点で「現在の好況が銀行の破綻を伴って収束する」と予想し、さらにもう一人の教え子であるフリードリヒ・ハイエクは一九二九年の初めに「米国経済が数ヵ月以内に崩壊する」と論文で発表して、その年の一〇月には株価の大暴落（大恐慌のきっかけとなった暗黒の木曜日）が起こっている。

当局の介入こそが新たなバブルを醸成するというオーストリア学派の考え方は普遍的であり、ファーバー氏の考えでは、その最たる例がリーマン・ショック後に各国の中央銀行が実施した壮大な金融緩和だ。端的に言うと金融緩和は借金をしやすくする政策であり、多くの先進国で急激に金利が低下したことにより、リーマン・ショック以降も各国の債務残高が増え続けたのである。

それゆえ、ファーバー氏に言わせると現状の景気回復は偽りでしかなく、時間を置いてリーマン・ショックに匹敵する（あるいはそれをも超える）破局が待っている可能性が高い、というわけだ。

事実、世界の債務残高は常軌を逸した水準にまで膨れ上がっている。この問題が無傷のまま穏便に解決すると考えるのはあまりに楽観的であり、おそらくその可能性はほとんどない。それほど、現在の世界経済は高レバレッジ（債務まみれ）となっている。

まさにバベルの塔――常軌を逸する世界の債務残高

突然だが、世界の高層ビルのランキング（電波塔を除くトップ3）を見てみよう。第三位は、サウジアラビア（メッカ）の「アブラージュ・アル・ベイト・タワーズ」で高さは六〇一メートル。第二位は、中国（上海）の「上海中心」で六三二メートル。第一位は、これは有名だからご存じだと思うが、アラブ首長国連邦（UAE）のドバイにある「ブルジュ・ハリファァ」で高さは驚異の八二八メートルだ。現在、ブルジュ・ハリファァは観光地としても有名で世界中から多くの人が見学に訪れているが、二〇一〇年に開業した当時はこんな風に揶揄されていたことを覚えているだろうか――「バブルの塔」と。

なぜバブルの塔と呼ばれたかというと、それはブルジュ・ハリファァが債務問題を抱えながら開業したことに起因し、それを旧約聖書の創世記一一章に登場する「バベルの塔」（ノアの大洪水の後、バビロンに住んだ人類が天に達するほの塔を築こうとして神の怒りに触れたという神話）にちなんで揶揄されたのであった。

ドバイは「人類史上最速で発展した都市」と言われ、ここ数十年でかつて類を見ないほどの建築ラッシュを迎えたわけだが、そのドバイの最重要プロジェクトとして二〇〇四年に着工したのが、ブルジュ・ハリファだ。建設の途中までは順調だったのだが、やがて難問が押し寄せる。そう、二〇〇七年から始まった米サブプライム・バブル崩壊に端を発する金融危機だ。壮大な不動産バブルの渦中にあったドバイも、例外なく呑み込まれたのである。

ブルジュ・ハリファの開業を目前にした二〇〇九年一一月、とんでもないことが起こった。ドバイの政府系企業ドバイ・ワールドが、五九〇億ドルもの債務（それも全額）の返済を繰り延べすると突如として発表したのである。

ドバイ経済は、いわゆる開発独裁のようなスタイルで発展したものであり、大きなプロジェクトなどは政府系の企業が担っていた。そして政府系企業の債務には〝政府による暗黙の保証〟が付いていると考えられていたのである。それゆえ、安心してドバイ・ワールドに貸し付けていた投資家たちは、同社のリスケジュールに不意を突かれた。結果的に主な資金の貸し手であった欧州系の銀行の株価が急落、その影響はすぐさま域外にも波及して世界同時株安が襲ったのである（ドバイ・ショック）。

ただでさえ建築ブームの斜陽で落ち込んでいたドバイ経済であったが、このドバイ・ショックで完全に冷え込んだ。開業を目前に控えていたブルジュ・ハリファでは当然のごとくテナントが埋まらず、入居が決まっていた案件でも差し押さえが相次いだのである。

ついには、ドバイ政府が連邦における隣国のアブダビに資金の融通を懇願するに至った。実は、当初この高層ビルは〝ブルジュ・ドバイ〟と命名されていたのだが、アブダビが手を差し伸べたことに由来して、〝ブルジュ・ハリファ〟（アブダビの首長の名前）に改名されたのである。こうした経緯こそが、まさに〝バブルの塔〟と呼ばれるゆえんである。

その後、ドバイ経済はバブル崩壊の後遺症に苦しんだが、新興国ということもあり、また原油の収入が潤ったこともあり、早々に低迷を脱した。経済成長率は二〇〇九年のマイナス五・二三%、二〇一〇年の一・六%から二〇一一年には六・九三%と急回復。その後も高水準で推移し、二〇一三年にもなると不動産市場に再びミニ・ブームという状況が訪れた。英不動産コンサルタントのナイトフランクによれば、二〇一三年の不動産価格の上昇率は二八・五%と中国を抜いて世界一位に輝いている。

しかし、二〇一四年頃から原油価格が下落したことで暗雲が垂れ込めた。それでも現時点までに深刻なリセッション（景気後退）は経験していないが、金融危機から一〇年が経った今、ドバイでは再び債務問題が頭をもたげている。

二〇一九年二月二六日付の米フォーブス誌（電子版）は、英コンサルティング会社キャピタル・エコノミクスの報告書を引用して、次のように警告を発した——「湾岸諸国に投資している人は、気を付けた方がいい——。アラブ首長国連邦（UAE）の貿易の中心地、ドバイが債務危機に向かっている」（米フォーブス二〇一九年二月二六日付）。

IIF（国際金融協会）によると、二〇一八年末時点のドバイが属するUAEの債務残高（対GDP比）は、家計セクターで二一・九％、企業セクター（金融を除く）で八六・四％、政府セクターで一八・三％と、他国と比べてもそれほど高い水準とは思えない。

それでもキャピタル・エコノミクスの報告書は「ドバイ・ショックから一〇年が経った今も、債務問題は解決してない」（同前）と辛らつだ。ドバイ・ショックの原因となった政府系企業の債務が現在も対GDP比で（しかもこれはUAEのだ）五〇％に達しており、そのうちの半分が向こう三年以内に返済期限を迎えることから、その間に状況が悪化する危険性があると警告する。

報告書を引用した米フォーブス誌は、原油価格が下落に転じた二〇一四年以降にドバイの代表的な株価指数である「DFMGI」が五〇％近く落ち込んでいることを挙げ、「すでに、投資家が将来に不安を持ち始めている兆し」（同前）とした。また、湾岸エリアの貿易の中心地であるドバイは、米中に代表される世界的な貿易の混乱の影響をもろに受ける可能性があることから、政府系企業が再び返済能力を失う可能性を指摘。「ドバイ経済を助けることになる何らかの変化が起きない限り、債務問題がこの都市を『沈没』させる可能性がある」（同前）と結んだ。

債務問題が横たわっているのはドバイだけではない。むしろ、他の地域に比べればドバイの債務問題などカワイイほうだ。

前出のIIFによると、二〇一八年末時点の世界の債務残高は二四七兆ドルで、世界全体のGDP比は約三二〇％。しかもリーマン・ショックからの一〇年間で五〇％もの増加を示している。先に紹介したマーク・ファーバーが真に警戒しているのは、この増え方だ。

一九八九年の日本、二〇〇七年のアメリカ、二〇〇九年の欧州諸国では、総債務残高（対GDP比）が二五〇％を超えた直後に危機が起きている。各国で債務残高にバラつきはあるが、世界全体で三二〇％を超えている現状は誠に恐ろしい。

ちなみに金融セクターを除く総債務残高が二五〇％を超えている国は、アル

世界の総債務残高の推移

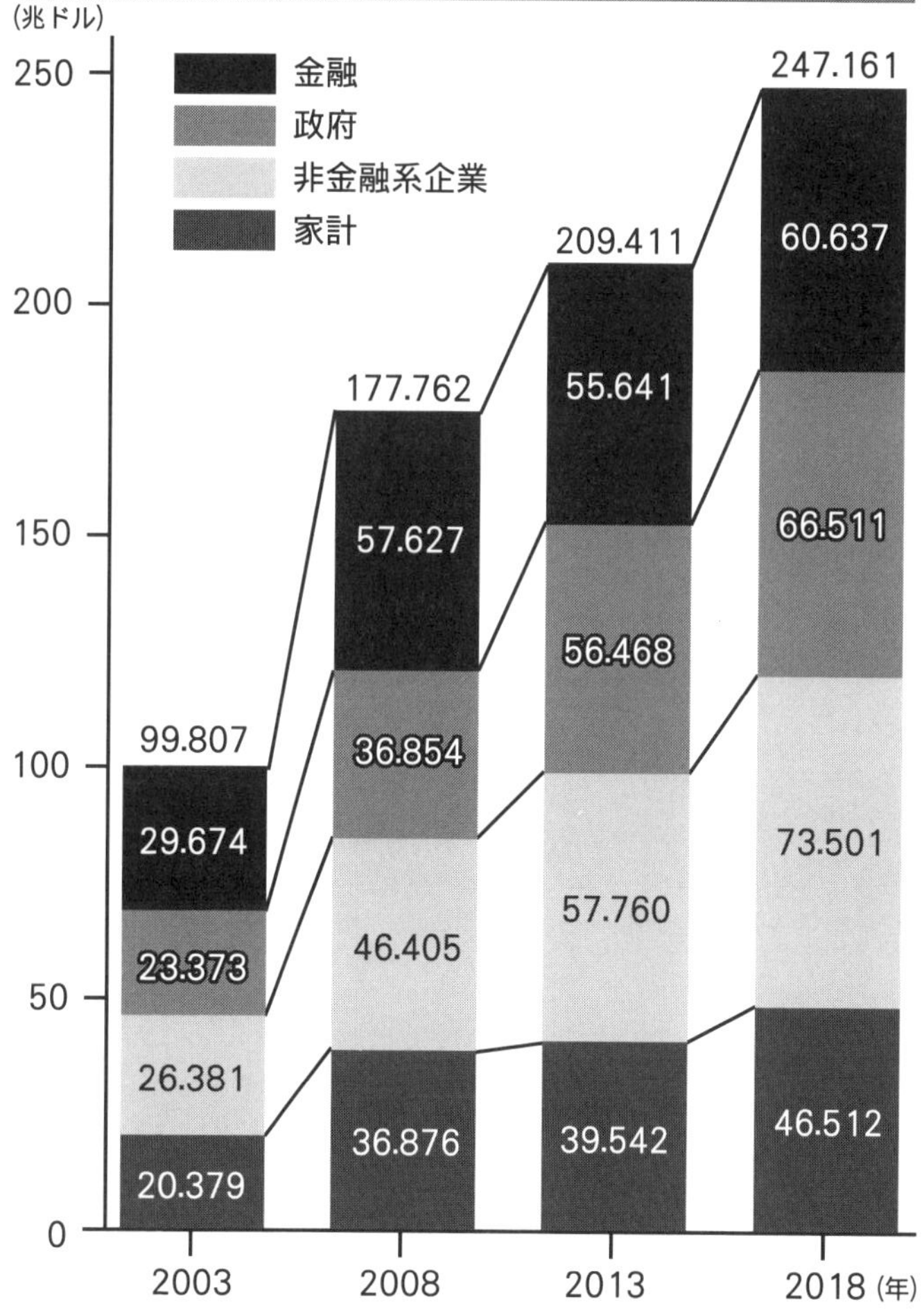

IIFのデータを基に作成

ファベット順でベルギー、カナダ、中国、デンマーク、フランス、ギリシャ、香港、アイルランド、イタリア、日本、ルクセンブルク、オランダ、ノルウェー、ポルトガル、シンガポール、スペイン、スウェーデン、スイス、そしてイギリスだ。ただし、総債務残高が二五〇％以下の国でもアルゼンチン（一一二％）のように危機に瀕している国もある。

そこで、私が特に注意を払っている債務要注意セクターを以下に述べたい。まずは中国と香港の「企業セクター」、次にアメリカとユーロ圏の企業セクター、そしてオセアニア圏（オーストラリア＋ニュージーランド）とカナダの「家計セクター」、最後に言わずと知れた日本やイタリアの「政府セクター」だ。私は、これらのいずれかの債務問題が次なる危機の発火点になると睨んでいる。

ただし、近年は世界的に金利の低下が著しく、各国で債務残高が増加しているにも関わらず、借り手の利払い負担は過去一〇年でほとんど増えていない。すなわち、債務問題が表面化しづらい構造になっているのだが、過去三〇年間に起きてきた大きな経済危機は、そのほぼすべてが債務を発端としている。

そうした歴史の教訓を踏まえると、金利が低いから「今回は違う」と考えるのは早計だ。永遠に借金し続けることなどできない。むしろ残高が増えてしまっている分、危機が表面化した際の惨状はよりひどいものになる恐れがある。

今一度、バベルの塔の神話を思い出してほしい。天にも到達できると強がった人類は、結局は神から報いを受けたのだ。時は変わり、現在はオーバー・レバレッジ（過剰債務）の塔が天に向かって伸びている。この債務のバベルの塔も、いずれは神の怒りを買う可能性が高い。しかもそれは、塔の高さが高くなればなるほど過酷なものとなるだろう。

「それは、一七ヵ月以内にやってくる」

二〇一九年七月をもって、アメリカの景気拡大局面は記録が残る一八〇〇年代半ば以降で最長を更新した。今回の景気拡大局面は、二〇〇九年六月に始まり現在は一一年目に突入している。焦点は、〝アメリカはいつリセッション（景気後退）入りするか〟の一点だ。ちなみに株価の下落は、リセッションに先立って起こることが多い。

アメリカは世界最大の経済体で、ＩＭＦ（国際通貨基金）によると、アメリカ経済が世界のＧＤＰに占める割合は二〇一九年（予想値）で二四・四％だ。次いで中国の一六・一％、そして日本の五・九％となっている。アメリカが世界最大の経済体であるがゆえ、かつて起こってきた世界的なリセッションは、ほとんどがアメリカのそれと歩調を合わせてきた。すなわち、次の危機がいつになるかを予測するには、アメリカのリセッション入りのタイミングを見ていればよいことになる。

ただし、アジア通貨危機のようにアメリカ以外の地域から始まる世界的な景気後退も起きないというわけではない。その筆頭格は、中国だ。中国経済の世界の成長に占める寄与度は、二〇一八年の推計で二七・五％とアメリカを抜き世界最大となっている。中国がもたらすリスクについては後で触れたい。

リセッション入りの時期を予測するのは至難の業で、ＦＲＢ（米連邦準備制度理事会）でも事前に予期できたためしはない。それほど難しく、結論からするとほぼ不可能だ。

　それでも、この世の中にはその予兆を告げるとされる指標が多く存在する。代表的なものは、逆イールド（アメリカの長短金利の逆転）、バルチック海運指数（不定期船の運賃を指数化したもの）、購買担当者景気指数（ＰＭＩ。製造業とサービス業の購買担当者を対象にしたアンケート調査）、金《きん》（ゴールド）と銅の価格などだ。ちなみに二〇一九年八月末時点で、このすべての指標が近い将来のリセッションを示唆し始めている。

　中でも特に市場関係者の注目を集めているのが、〝逆イールド〟だ。米国債の短期利回りが長期利回りより高くなり、長短金利が逆転するいわゆる逆イールドは、一九五〇年以降アメリカで起こった一一回の景気後退のすべてに先行して起こっている。発生後に景気後退入りしなかったのは一九六六年の一回のみで、それゆえ逆イールドの後は相当な確率で景気後退に陥る可能性が高い。

　そして二〇一九年八月、二年物の米国債の利回りが一〇年物の利回りを上回り、両者の間では二〇〇七年以来の逆イールドが起きた。

ＪＰモルガンによると、過去の二年物と一〇年物の逆イールドは平均するとリセッションの一七ヵ月前に起きている。二〇一九年八月を起点にすると一七ヵ月後は二〇二一年一月で、過去を参考にするとその間にリセッション入りする可能性が高い。株価の下落はリセッションと前後するため、言い換えると株価の暴落はいつ起きても不思議ではないのだ。

市場が血で染まったら、買え!!

「世界の金融システムはリスクが最も高い状態にかなり近づいている。世界の債務もデリバティブも過去最高の水準にある」（米ブルームバーグ二〇一九年六月二八日付）――米ヘッジファンド、エリオット・マネジメントのポール・シンガーＣＥＯ（最高経営責任者）はこう指摘し、時期は明言しなかったものの景気後退時には世界の相場が三〇～四〇％調整するとの見通しを示した。

逆イールドとリセッション（景気後退）

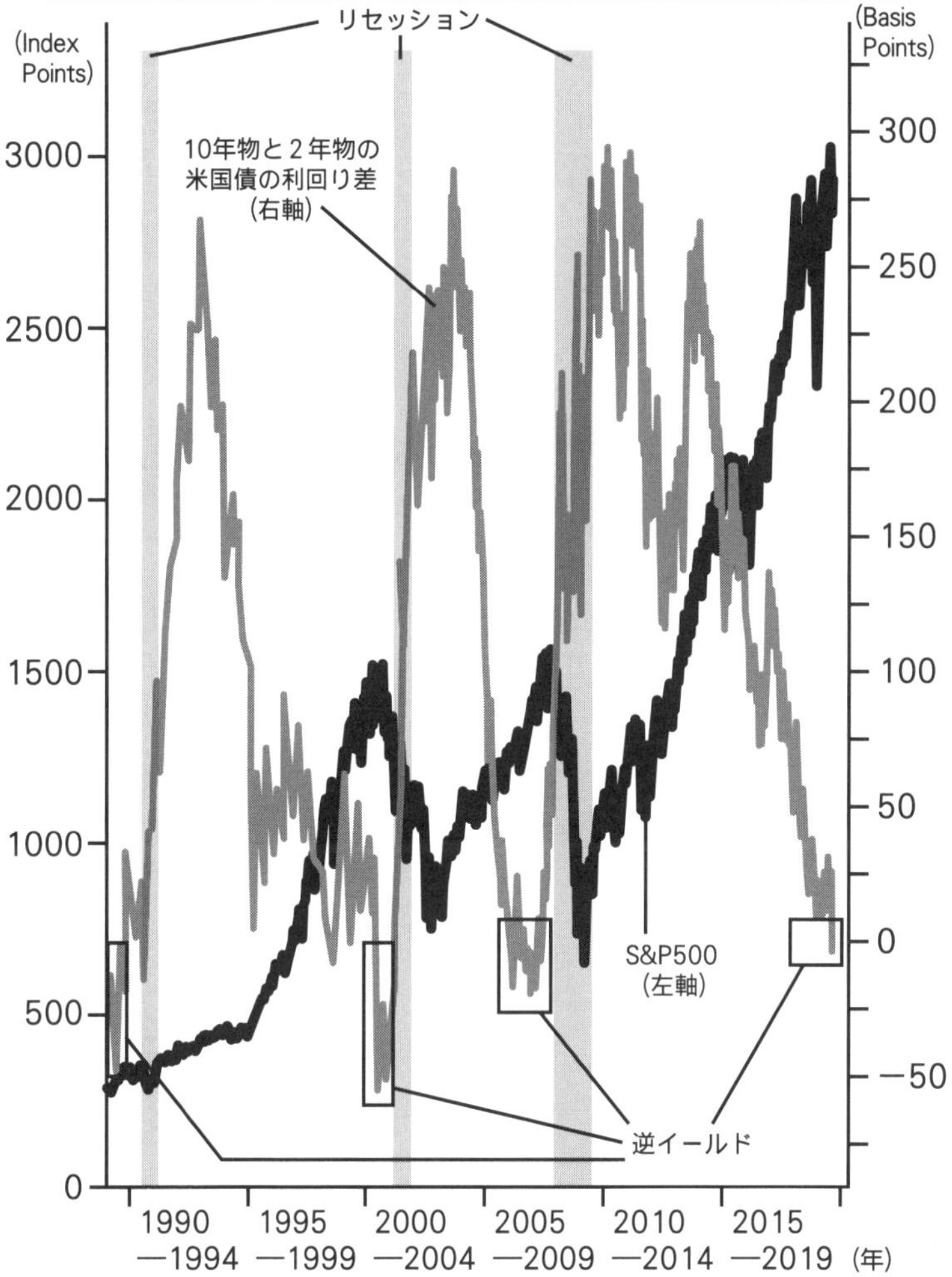

ＪＰモルガン・ブルームバーグのデータを基に作成

リセッションに突入すれば、株式に代表されるリスク資産の下落は避けられない。シンガー氏が予想するように、三〇～四〇％の調整も大いにあり得る。

そこで、過去の弱気相場における日米の株価推移について簡単におさらいしておきたい。直近二回、すなわち二〇〇〇年からの弱気相場（ITバブル崩壊）と二〇〇七年からの弱気相場（リーマン・ショック）における米国株の調整幅は、どちらの場合もおよそ五〇％。日経平均のそれは、ITバブル崩壊時で約四〇％、リーマンは五〇％で日本が震源地となった九〇年のバブル崩壊では四五％となっている。

ちなみに米株式調査大手ＣＦＲＡによると、一九四六年以降で一二回あった米国株の弱気相場における平均の下落率は三二・七％。すなわち、次の下落相場はどんなに低く見積もっても三割程度の調整は避けられそうにない。中には、次の弱気相場はかつての大恐慌（一九二九～一九三二年）に匹敵すると見る向きもある。大恐慌の時のそれは、脅威の八〇％であった。

現在の株価に当てはめてみよう。まずは前述したＣＦＲＡによる過去の米国

米国株の歴史的な大調整

時　期	調整幅	主な出来事と背景
1929～1932年	8割超	**世界大恐慌**（経済への楽観の修正）
1937～1942年	5割超	**第2次世界大戦**（国際関係の悪化）
1973～1974年	4割超	**第4次中東戦争**（国際関係の悪化）
2000～2003年	5割程度	**ITバブル崩壊**（経済への楽観の修正）
2007～2009年	5割程度	**リーマン・ショック**（経済への楽観の修正）

出所：S&P500種株価指数、ロバート・シラー教授のホームページ

株の弱気相場における平均の下落率三二・七％だが、Ｓ＆Ｐ５００の直近の高値である三〇二五ポイントを基準にすると、二〇三六ポイントまで下落。次にドットコム・バブル崩壊時のマイナス四九％を当てはめると、一五四三ポイントまでの下落。続いてリーマン・ショック時のマイナス五七％だが、一三〇一ポイントまでの下落となる。

では、最後に大恐慌時のマイナス八〇％を当てはめてみたい。試算するだけでも恐ろしいが、計算すると驚異の六〇五ポイントまでの下落となった。六〇五ポイントである。目が点になった人も少なくないだろう。最悪を想定してきた私でさえ、さすがに大袈裟だと感じた。しかし、過去に実際に起きているため、実現する可能性は決してゼロではない。

次の下落がどの程度の規模になるかわからないが（私は極めて悲観的に見ているが）、市場が血に染まった時こそ買い向かうべきだ。過去の弱気相場は平均で一・三年継続し、強気相場は八・九年継続している。米国株の場合、過去のすべての下落局面が絶好の買い場となった。

ただし、米国株は次の暴落以降、向こう一〇年〜数十年は日本が経験した〝失われた〇〇年〟に突入するという向きもある。たとえば、ＡＧビセット・アソシエーツの最高経営責任者（ＣＥＯ）であるウルフ・リンダールがそうだ。
二〇一九年八月一二日付の英フィナンシャル・タイムズは、リンダール氏の分析を以下のように伝えている。

同氏は、二〇一八年一月から長期平均に回帰し始めたダウ平均が、一〇年続く弱気相場に発展するとみている。これは感情ではなくデータに基づく意見だ。過去をさかのぼっても、ダウ平均が現在のようにトレンドライン（傾向線）から一三〇％以上乖離《かいり》した時期は、一九〇六年以降、二〇ヵ月しかない。その時期は恐ろしいことに、大恐慌が起きた二九年、ＩＴバブル崩壊前の九九年、そして二〇一八年近辺に集中している。『米国株は過去一五〇年間で二番目の高値を付けている』とリンダール氏は言う。『株価が下がるのは必然だ』。

——（英フィナンシャル・タイムズ二〇一九年八月一四日付）

私が懇意にしているカギ足チャートのアナリストである川上明氏も、長期で米国株を悲観視している。一方で、次に暴落したら「日本株が買い」とも断言する。極めて勇気がいる行動だが、やはり市場が血で染まったら日本株を中心に拾いに行くべきだ。

香港発の〝パーフェクト・ストーム〟（究極の嵐）にも警戒を

「著名投資家のジョージ・ソロス氏は、アジア金融危機さなかの一九九八年に香港ドルと米ドルのペッグを外そうと仕掛けたが失敗した」（米ブルームバーグ二〇一九年八月二八日付）。

米ブルームバーグによると、あのブラック・ウェンズデー（暗黒の水曜日。一九九二年九月一六日に起きた英ポンド危機）を仕掛けたソロス氏でさえ断念した取引に今、改めて挑戦している連中がいるという。

記事はこう伝えている——「ヘイマン・キャピタル・マネジメントのカイル・バス、クレスキャット・キャピタルのケビン・スミス、トリウム・キャピタルのトーマス・ロデリックの三氏は共に香港の混乱が資本流出につながり、金利を押し上げ、香港経済を三〇年余り支えてきたペッグ制を当局が放棄せざるを得なくなると見込んでいる」（同前）。

先ほど経済の規模が大きいという視点から、米国もしくは中国が次なる世界的なリセッションのトリガー（引き金）になりそうだと論じた。そして私は中でも中国、それも香港こそがその本命になるのではないかと見ている。

中国本土の債務問題もかなり危険な状態にあるが、香港の債務残高はまさに最悪のレベルだ。ＢＩＳの推計では、二〇一八年末時点の香港の企業債務の対ＧＤＰ比は驚愕の二一九・四％。これに家計債務を加えたいわゆる民間セクターの合計の債務残高は同時点で二九一・六％に達する。日本のバブル崩壊時も企業セクターの債務残高が問題視されたが、ピーク時（一九九三年三月末）

でも一四七・六％であった。

米ブルームバーグで取り上げられた、米テキサス州ダラスに本拠を置くヘッジファンド、ヘイマン・キャピタル・マネジメントのカイル・バスは近年、香港発の金融危機に警鐘を鳴らしており、同氏によると香港の銀行システムのレバレッジ率はＧＲＰ（域内総生産）のほぼ九〇〇％と、「世界で最も高い」（二〇一九年六月一三日付ヤフー・ファイナンス）という。

バス氏は香港ドルが大きく下落する事態を見込んでいる。香港ドルは世界最長の通貨ペッグを採用しており、一九八三年から今まで一米ドル＝七・七〜七・九香港ドルという極めて狭い範囲で取引されてきた。この安定した通貨価値が、香港に拠点を構える多くの証券会社や金融機関にとって仕事をしやすくし、香港は世界でも類を見ない金融セクターに成長できたのである。

ところがここに来て、バス氏のような香港ドルの下落に賭ける投機筋が出てきたのだ。二〇一八年四月には香港ドルがおよそ三五年ぶりの安値を付けたのだが、それ以来、香港金融管理局（ＨＫＭＡ）はたびたび通貨防衛（米ドル売

香港の民間債務の対GDP比

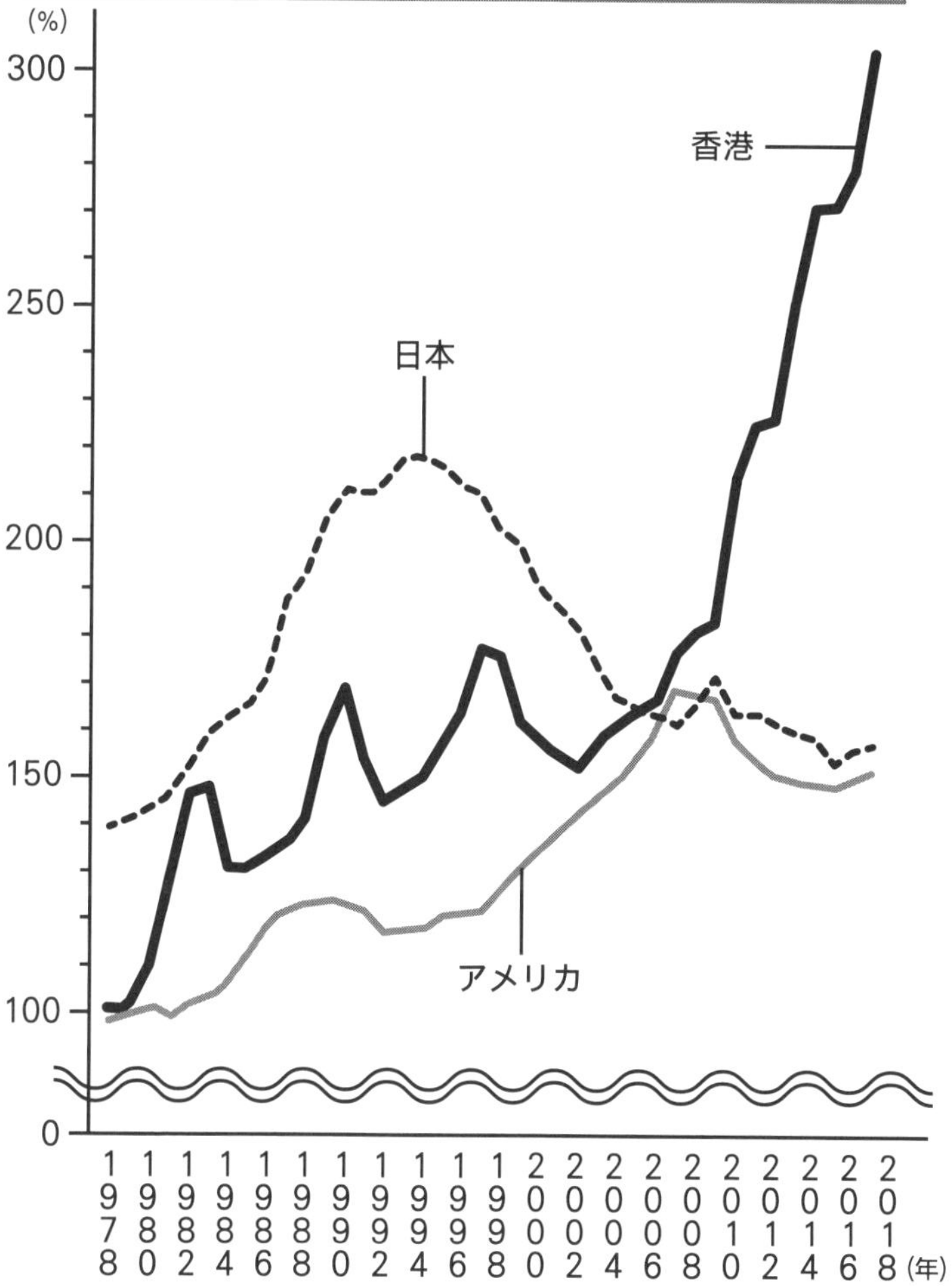

BISのデータを基に作成

り／香港ドル買い）を強いられている。現在までに費やした額は、約一六〇億ドルだ。

本来、香港ドルは米ドルと連動しているため、通貨の価値を安定的に保つにはFRB（米連邦準備制度理事会）の金融政策に追随すればよい。ところが連日のデモなどを見てもわかるように、最近の香港経済は利上げできるような状態ではない。そもそも民間の債務も二九一・六％と、利上げすればこれらが吹き飛ぶ恐れもある。

FRBは二〇一九年に入ってから利上げを暫定的に停止しているが（しかも香港の金利の方が高い）、それでも香港ドルの下落圧力が収まる様子はない。直近では、デモの長期化によるキャピタル・フライト（資本逃避）の圧力に晒されている。米ウォールストリート・ジャーナル（二〇一九年八月二七日付）も「現在、香港の金利が米国の金利を上回っているにもかかわらず、香港ドルは弱い。大和キャピタル・マーケッツのアジア（日本除く）担当チーフエコノミスト、ケビン・ライ氏は、これが継続的な資本流出を示すと述べた。同氏は一七年初めからの流出額は四七〇億米ドルに達すると推計している。最近になって住民が海外に資金を移動させている証拠もある」とその現状を報じている。

実際、香港に住む多くの富裕層が海外での不動産取得を考え始めているようで、二〇一九年八月二七日付の英ロイターは、「香港デモで豪・ＮＺの高級住宅に関心集まる　逃避先模索か」と報じ、その翌日付の米ブルームバーグは「香港市民、移住先としてマレーシアや台湾を注目」と報じている。

また、ビジネスインサイダー（二〇一九年八月一六日付）によると、香港の有名な掲示板サイト「ＬＩＨＫＧ」ではある学生が「Cashout HKD to USD（香港ドルを米ドルに）」という運動を展開しており、草の根の規模ではあるがキャピタル・フライトによって香港政府を困らせようと学生が着実に増えている模様だ。

そのサイトにはこんな書き込みがある――「中国が軍事力で香港に脅威を与え続けることで、香港ドルは一年以内に米ドルにペッグされなくなり外国資本は香港から流出するだろう」（ビジネスインサイダー二〇一九年八月一六日付）。

前出のバス氏は、「香港人の四～五％が行動すれば、金融システムはダウンすることになる」と指摘する。そのバス氏は、事実上の中央銀行であるＨＫＭＡ（香港金融管理局）が香港ドルの価値を保つために金融を引き締めた結果、銀行システムの流動性が過去一〇年で類を見ないほどに低下している点に着目、急激な減少は危機の前兆であるとの見方を示し、香港が史上最大の金融時限爆弾を抱えていると米ウォールストリート・ジャーナルで断言した。

ただし、香港ドルのペッグ制には、かつて幾度となく起きた危機を乗り切ったという実績がある。アジア通貨危機も新型肺炎（ＳＡＲＳ：重症急性呼吸器症候群）も乗り越えた。

とはいえ、アジア通貨危機では香港ドルを堅守した代わりに不動産価格が犠牲となっている。当時ＨＫＭＡは、香港ドルのペッグ制を維持するために一晩のうちに政策金利を二〇％まで引き上げ、結果として資産価格が急落した。その後、香港の不動産価格は六年にわたって下落し、価格は三分の一にまでなっている。

過去の実績から「香港は今回も大丈夫」という向きもあるが、今回は果たしてどうか。二〇一九年八月二六日付の英ロイターは悲観的にこう述べている——「二〇〇〇年以降、香港の景気が困難にぶつかるたびに中国本土の景気の好調や中国政府の景気てこ入れ策が香港を救ってきた。しかし中国本土は今、ほぼ三〇年ぶりの厳しい景気減速に見舞われ、負債は過去最高の水準に積み上がっている」（英ロイター二〇一九年八月二六日付）。

仮に香港が大きく転んだとしても、さすがに世界経済をどん底に陥れることはないだろう、と思う人も少なくないかもしれない。しかし、近年の世界経済はつながりを深めており、金融機関の破綻などでショックが起きると流動性の危機が起こる恐れもある。先のリーマン・ブラザーズの破綻では大手金融機関の間でも疑心暗鬼から個別の銀行や証券会社に新規に資金を融通しなくなったり、資金を回収したりした。それゆえ、バス氏が言うように香港は史上最大の金融時限爆弾である可能性が高い。

また、『国家は破綻する』（日経ＢＰ社刊）の共同著者であるカーメン・ラインハートも香港の動乱を過小評価しないよう忠告しており、ブルームバーグ・テレビジョン（二〇一九年八月二三日付）のインタビューで、香港が世界的なリセッションを引き起こす恐れがあると警告している。

これは余談だが、香港の不動産価格が躓《つまづ》いたあのアジア通貨危機では、その影響が日本にも飛び火し、日経平均株価は一九九六年六月の高値二万二六六六・八円から一九九八年の一〇月の底値一万二八七九・九七円まで一万円弱下落した。また恐ろしいことに、山一證券の破綻に端を発した金融危機によりキャピタル・フライトが活発化し、一九九八年八月にはドル／円が一四七円台を付けている。ある情報筋によると、この時、当時の大蔵省は本気で預金封鎖を含めた資本規制の導入を議論したようだ。

今回、仮に香港発で第二次アジア通貨危機が起これば、日本にとっての影響は前回のそれをはるかに凌駕する可能性が高い。それは邦銀の対外与信残高がこの一〇年間で急増しているためで、危機のきっかけは香港が作ったとしてもゆくゆくは日本発の〝パーフェクト・ストーム〟（究極の嵐。複数の災厄が起こり、

日経平均株価225種
1996年1月～1999年4月
96/06/26
22666.8
97/02/25
19070.07
98/07/16
16731.92
98/10/09
12879.97
23000
22500
22000
21500
21000
20500
20000
19500
19000
18500
18000
17500
17000
16500
16000
15500
15000
14500
14000
13500
13000
12500
4月
8月
12月
4月
8月
12月
4月
8月
12月
4月
1996年
1997年
1998年
1999年

破滅的な事態に至る金融恐慌）に発展することも考えられる。このことについては、第四章でより詳しく述べたい。

いずれにせよ、いよいよ世界的な暴風雨に備えるべき時がきた。

〝超人〟に学ぶ――危機が生んだ資産家

「香港の大物の中で最も賢い人物として明らかに際立つ」（米ブルームバーグ二〇一九年九月二五日付）――香港の投資会社ポート・シェルター・インベストメント・マネジメントのリチャード・ハリスＣＥＯ（最高経営責任者）は、ある人物をこう称賛した。その人物とは、香港で〝超人〟との異名を付けられている李嘉誠《リー・カーシン》氏である。その李氏が投資先を分散し、二〇一八年時点で香港の比率を約一〇％にまで低下させていたことをハリス氏は称賛した。

この李嘉誠という人物は私も尊敬していて、なにより危機をチャンスにすることで知られている。

1990年代後半にキャピタルフライトで円安に

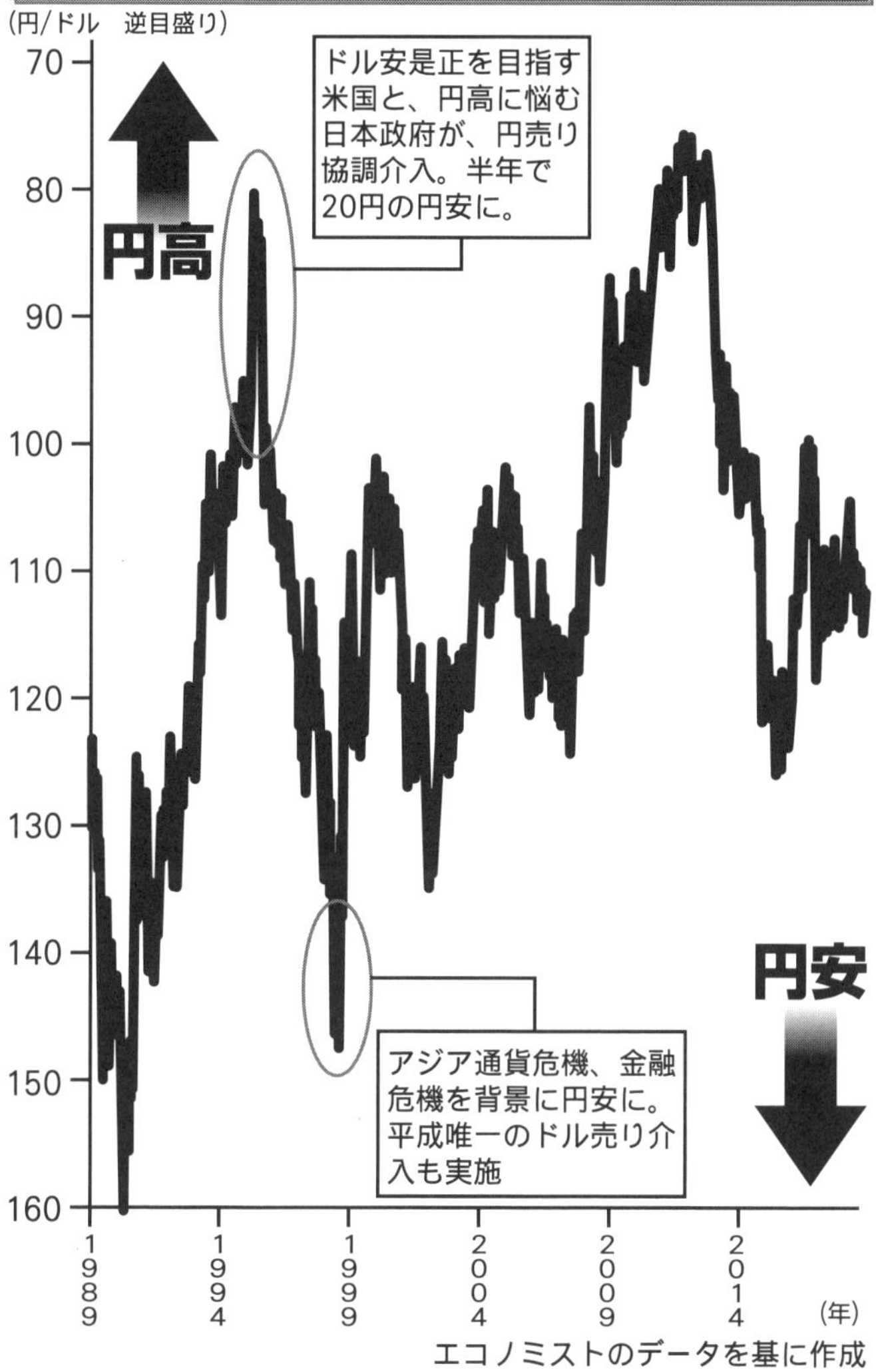

エコノミストのデータを基に作成

李氏の躍進の転機となったのは、一九八九年の天安門事件だ。同氏は中国本土が欧米諸国から経済制裁を受けている状況を絶好の好機ととらえ、大勢で北京へ乗り込んだ。北京に乗り込んだ李氏は中国政府と交渉の末、王府井（北京最大の繁華街）の開発権を獲得する。それを皮切りとして、中国本土を避ける外国企業とは対照的に本土への投資を爆発的に増やし、自身が創業した長江実業集団を香港で最大の財閥にまで成長させた。

ところが、二〇一三年になると「中国・香港の不動産投資は避けろ」と周囲に話すようになり、同年八月頃から中国本土の資産を次々と売却し始め、二〇一五年頃からは香港へのエクスポージャー（投資比率）も低下させている。まさに先手必勝だ。李氏はマスコミ嫌いで有名だが、かつて「南方週末」のインタビューでこう話している――「現時点の儲けばかりでなく、さまざまなニュースやデータを分析して、一年後、二年後など近い将来の経済情勢を思い浮かべるようにしてきた」（NEWSポストセブン二〇一三年一二月二八日付）。

ちなみに現在は、イギリスの資産に注目しているようである。ウォールストリートの格言に「資産家は恐慌時に生まれる」というものがあるが、李氏はまさにそれを体現してきた人物だ。「高値で売り逃げて、安値で拾う」という原則を徹底しており、学ぶべき点は多い。

他の投資家や事業家が沈む恐慌は、好機でもある。実際に一九二九年に始まった米国発の大恐慌でも、多くの資産家が生まれた。私たちも目前に迫る恐慌に怯むことなく、しっかりと資産を防衛した後は、積極的に買って行くべきである。まさに、「ピンチこそ大チャンス‼」なのである。

第三章

農林中金、ゆうちょ、三菱ＵＦＪは
〝毒まんじゅう〟を食べた
――あなたの預貯金は本当に大丈夫か

歴史から教訓を学ばぬ者は、過ちを繰り返して滅びる
（ウィンストン・チャーチル）

加藤清正「毒まんじゅう暗殺説」

歌舞伎の中村吉右衛門家の「家の芸」（いわゆる「お家芸」）に「秀山十種」というのがある。「秀山」とは、初代中村吉右衛門の俳名で「秀山十種」とは初代吉右衛門の得意芸を集めたものだ。初代吉右衛門は「清正役者」といわれ、「秀山十種」はその多くが加藤清正にちなんだ演目で構成されている（「十種」と呼ばれながらも、制定されているのは六演目に留まる）。その一つに、『清正誠忠録』という演目がある。元々は三世河竹新七の作だという。この演目、俗に「毒まんじゅうの清正」と呼ばれている。

それは、こんな話である。加藤清正は、幼い頃から豊臣秀吉に仕えた忠臣で秀吉亡き後も恩を忘れず、秀吉の遺児・秀頼を守る志を固くしていた。そんな折、豊臣家の取り潰しをもくろむ徳川家康は、秀頼を二条城に招待する。秀頼の暗殺を謀ったのである。家康は秀頼に「毒まんじゅう」を供する。しかし、豊臣恩顧の清正は毒まんじゅうと知ってこれを自ら喰らい、秀頼を助ける。そして自らも生き延び、幼い秀頼を守護する……。

史実としては、清正は慶長一六年（一六一一年）三月二八日に行なわれたこの「二条城の会見」の二ヵ月後、領地の熊本に向かう船中で発熱し、熊本について間もなく六月二四日に亡くなっている。だから、秀頼を守護して行くことはできず、秀頼は慶長二〇年（一六一五年）大坂夏の陣に敗れ、自害に至る。清正が二条城の会見から三ヵ月も経たずして亡くなったということから、加藤清正「毒まんじゅう暗殺説」は生まれた。先の歌舞伎のストーリーは、この「毒まんじゅう暗殺説」を脚色したものだ。

それはともかく、この毒まんじゅう、加藤清正なら豊臣家を守るためにそれと知って食べたのかもしれないが、現代に生きる私たちは毒まんじゅうとわかっていたらそれは食べない。もしかしたら毒が入っているかもしれないまんじゅうにも、手は出さない。現代は、満ち足りた恵まれた時代だ。そんなものを食べなくても美味しいお菓子・デザートはたくさんある。だから、毒とまで行かなくても腐ったもの、腐っていそうなものは食べない。当たり前のことだ。

ところが今日、この常識が通じない世界がある。毒まんじゅうを食ってしまう、腐りそうなものに手を出してしまう、そういう人たちがこの日本にいるのだ。それは、どういう人たちか？——それこそ、本章でのタイトルに掲げた「農林中金・ゆうちょ・三菱ＵＦＪ」といった金融機関の人たちである。

異次元金融緩和により銀行は、兆円単位で収益圧迫

今、銀行を中心としたわが国の金融業界は、苦境にあえいでいる。全国銀行協会は、毎年六月末に全国銀行の決算状況を発表している。二〇一九年六月二八日に発表された、最新の全国銀行決算状況の冒頭部分を抜粋してみよう。

1．損益状況
(1)業務粗利益

業務粗利益は九兆六八六四億円（前年度比三二二五億円、三・一％減）と減益となった。その内訳を概観すると、以下の通りである。

①資金利益

資金利益は、七兆三〇一億円（前年度比一四七九億円、二・一％減）と減少した。

うち、国内業務部門においては、五兆九〇三二億円（前年度比三六一億円、〇・六％増）となった。資金運用収益は、有価証券利息配当金が一兆五二三九億円（同一四〇八億円、一〇・二％増）と増加したものの、マイナス金利政策の影響を受けた低金利環境が続いた結果、貸付金利息が四兆五〇二〇億円（同一二〇三億円、二・六％減）と減少したこと等を受け、六兆二三八〇億円（同一四二億円、〇・二％減）となった。また、預金利息等の資金調達費用は、三三五二億円（同五〇二億円、一三・〇％減）となった。

〈全国銀行の二〇一八年度決算の状況〈単体ベース〉〉

「減」という言葉が並ぶ。中でも大きいのが、「マイナス金利政策」だ。この決算状況発表には、「預貸金利ざや」も記されている。

銀行というのは基本、お金を預かってそれを貸し出して、その利ざやで食っている。それがどうなっているかというと、まず「貸出金利回り」が〇・九九％で預金金利に当たる「預金債券等原価」が〇・七八％。その差「預貸金利ざや」はわずか〇・二一％。前年度より〇・〇一％下がっている。〇・〇一％というと微々たるもののようだが、全国銀行の預金総額は八〇〇兆円を超えるので八〇〇兆円の〇・〇一％は八〇〇億円であり、決してバカにはできない。

しかも、この利ざやの縮小は、アベノミクスによる異次元金融緩和が始まってからずっと続いているのだ。異次元緩和が始まる前の二〇一二年度決算では、「貸出金利回り」が一・四九％、「預金債券等原価」が一・〇四％。その差「預貸金利ざや」は〇・四五％であった。直近二〇一八年度決算とでは、実に〇・二四％も違っている。これは、兆円単位での収益圧迫要因だ。

銀行は、これだけ儲からなくなっているのである。

増えたのは「預金」と儲からない資産「現金・預け金」

そういう環境下で、銀行はどうしているか？

まずは、王道の貸し出し増である。二〇一二年度決算と二〇一八年度決算とを比べてみると、貸出金は増えている。一二年度末が四七八兆六三〇九億円であるのに対し、一八年度末は五七五兆一六〇九億円。二〇・二％も増えている。いや、増やしているのだ。スルガ銀行のような不正融資もあるが、しかし貸し出し努力に努めていることはわかる。

しかし、である。預かる方の預金は、もっと増えているのだ。一二年度末が六四〇兆八八六三億円であったのに対し、一八年度末は八二〇兆七四九六億円。二八・一％も増えてしまったのだ。

今、「増えてしまった」と書いたが、預金というのは銀行からしてみると負債である。借金なのである。だから、微々たるものとはいえ利息を払わなければ

銀行の利ざやの減少と貸出金と預り金の増加と有価証券投資額

	〈貸出金利回り〉		〈預金債券等原価〉		〈預金利ざや〉
2012年度決算	1.49%	−	1.04%	=	0.45%
2018年度決算	0.99%	−	0.78%	=	0.21%

前年比(2017年)では▲0.01%

その差
▲0.24%

兆単位での
銀行の収益
圧迫要因に

	〈貸出金〉	〈預金〉	〈有価証券投資〉	〈うち国債〉
2012年度決算	478兆6309億円	640兆8863億円	285兆218億円	163兆961億円
	+20.2%	+28.1%	▲26.1%	▲61%
2018年度決算	575兆1609億円	820兆7486億円	210兆7105億円	63兆6327億円

ならない。利益を生むものではなくて、費用を生むものなのである。

貸し出し努力は続けているが、それを上回る預金が集まってしまった。では、どうやって儲けるか。銀行が次に考えるのは、有価証券投資である。だから、銀行の貸借対照表の中で通常、「貸出金」の次に大きいのが「有価証券」だ（ただし、後述するように近年は「現金・預け金」が急増していて一八年度末では「有価証券」を超えた）。

では、一二年度末と一八年度末とでは銀行の「有価証券」の残高はどのように変化しただろうか？　一二年度末が二八五兆二一八億円、一八年度末が二一〇兆七一〇五億円。二六・一％も減らしているのだ。

では次に、銀行の「有価証券」投資の中核をなす国債の残高を見てみよう。一二年度末が一六三兆九六一億円で一八年度末が六三兆六三二七億円。なんと六割以上も減らしているのだ。

これも、異次元金融緩和のためである。異次元緩和の下、日銀が市中銀行からひたすら国債を買い取ったその結果である。ちなみに、日銀は買い取った代金を市中銀行が日銀に設けている当座預金に振り込む。それがどんどん積み上がった結果が、先に少し述べた「現金・預け金」の急増、そして「有価証券」残高超えである。この「現金・預け金」の大半は、日銀当座預金なのだ。

日銀当座預金にはほとんど利息が付かないのみならず、ごく一部ではあるがマイナス金利さえ適用される。市中銀行の「現金・預け金」が「有価証券」残高を上回ったことを、一九年七月八日付東京商工リサーチは、次のように解説している――「『現金預け金』は流動性や安全性が高いが、利回りは貸出や有価証券よりも低い。それでも、有価証券残高が減少する一方、現金預け金の増加は、資金運用に苦戦する銀行の姿を表している」。

かくして苦境に陥った邦銀が手を出してしまったのが、「ＣＬＯ」（ローン担保証券）という〝毒まんじゅう〟なのだ。普通だったら、毒まんじゅうになどに手は出さない。貸し出しや国債という、定番の〝おやつ〟で十分満足できたのだ。しかし、今やその定番のおやつが食べられなくなってしまった。もはや、少々の危険を冒してでも〝毒まんじゅう〟に手を出さざるを得ない……。

邦銀は今、それくらいの飢餓状態にあるのである。

「CLO」はリーマン・ショックを引き起こした「CDO」と酷似

では、CLO（ローン担保証券）とはどんな証券なのであろうか？　ズバリ、リーマン・ショックを引き起こしたCDO（債務担保証券）に酷似している。リーマン・ショックを引き起こす元になったのは、「サブプライム・ローン」というアメリカの信用力の低い低所得者向けの住宅ローンだ。CLOのLも「ローン（Loan）」を表すが、どういうローンかというと「レバレッジド・ローン」といって信用力が低い非投資適格企業へのローンなのだ。CDOとそっくりではないか。

CLOについて、もう少し詳しく説明しておこう。信用力の低い企業向け融資であるレバレッジド・ローンは、リーマン・ショック当時から存在した。そのローン残高は、二〇〇八年当時は六〇〇〇億ドル。それが二〇一八年末には

リーマン・ショック時のCDOは今日のCLOだ！

一兆二〇〇〇億ドルと二倍に膨らんでいる。特に、ここ数年で急拡大した。

そして、二〇一八年には、新規のレバレッジド・ローンの六〇%超がCLOに組み込まれた。CLOには、大体二〇〇〜三〇〇ものレバレッジド・ローンが束ねられている。これはすなわち、リスクの転嫁を意味する。個々のレバレッジド・ローンのリスクをまんじゅうの皮で包んだのがCLOだ。二〇〇〜三〇〇のうち、どれが〝毒〟かはわからない。運が良ければ、毒は入っていないかもしれない。しかし、元々信用力の低い企業向け融資なのだから、経済環境が悪化すれば（今後、その可能性は高い）、すべてが毒になってしまう（焦げ付いてしまう）かもしれない。

CLOを買うことは、極めて危なっかしい企業へ融資することと同義、つまり毒が入っているかもしれないまんじゅうを食べることと同義なのだ。

前述のように、レバレッジド・ローンの貸付先は信用力の低い企業であるが、近年ではダブルB格よりも低い企業への融資が増えてきているという。このCLOを、農林中金・三菱UFJ・ゆうちょなどの邦銀が爆買いしているのだ。

CLOに組み込まれている融資先の格付け別割合

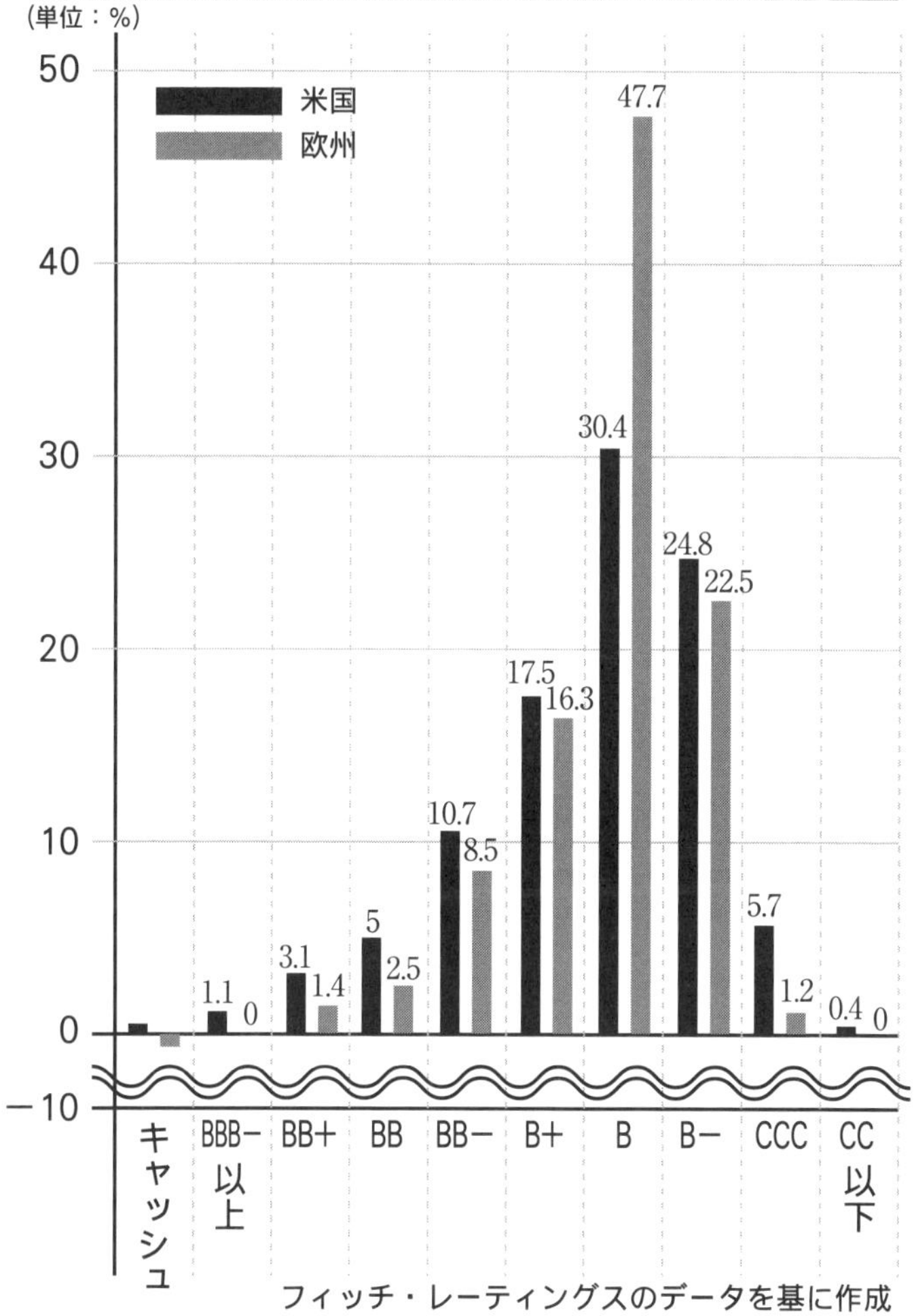

フィッチ・レーティングスのデータを基に作成

農林中金の開示資料によると、二〇一八年末時点で農林中金の保有残高は六兆八二一九億円（正確を期すと、これはＣＬＯを含めた債務担保証券（ＣＤＯ）の保有残高）。二〇一八年三月末時点の保有残高は三兆八一三四億円だったので、わずか九ヵ月で二倍近くまでに増えた。

また、英ロイターの聞き取り調査によると、農林中金の他にも三菱ＵＦＪが（傘下の三菱ＵＦＪ銀行と三菱ＵＦＪ信託銀行の合算で）二兆五〇〇〇億円、ゆうちょ銀行が一兆円。ゆうちょ銀行も一八年三月末～一二月末にかけて、わずか九ヵ月で二倍に増やしている。

その他、三井住友銀行が七七〇億円、三井住友信託銀行が三〇四八億円、みずほ銀行が五五〇〇億円、新生銀行が数百億円のＣＬＯを保有していると回答している。地方銀行でも、常陽銀行はＣＬＯを含む外債の変動債全体で八七六億円を保有している。金融機関によって保有額にバラつきはあるものの、邦銀によるＣＬＯ投資は一種の〝ブーム〟と化している。

アメリカのＣＬＯ発行残高は、二〇一八年一二月末時点で約六〇〇〇億ドル。

一ドル＝一一〇円換算で約六六兆円となるが、日本の大手行だけで約一一兆円を保有している。そのほぼすべてがトリプルA格とみられる。二〇一九年一月一五日付米ブルームバーグは次のように報じた——（CLO市場での）「日本の金融機関の存在感は大きく、UBSグループは最上位のトリプルA格付けの米CLO市場に過去数年流入した資金の三分の一を日本の銀行が占めたと試算している」（米ブルームバーグ二〇一九年一月一五日付）。

ここで、読者の中には「信用力が低い非投資適格企業へのローンが元になっているのに、トリプルA格？」といぶかしく思われる方もいらっしゃるであろう。その疑問は当然である。すでに見た通り、レバレッジド・ローンの融資先はほとんどダブルB格以下だ。なのになぜ、それをパッケージ化するとトリプルA格になるのか？

まず、CLOは複数の非投資適格企業へのローン債権が裏付けとなっているが、格付けが低い企業だからといって、全部が全部破綻するわけではない。また破綻したからといって、貸金がまったく回収できないわけでもない。

次に、CLOは一般的に三段階の「トランシェ」(安全度)に分けられている。もっともリスクが低い層を「シニア」、次が「メザニン」、そしてもっともリスク高い層が「エクイティ」と呼ばれている。CLOの担保となっている企業向けローン債権が焦げ付いた場合、CLOの価値が毀損し投資家が損失を被るわけだが、この際にトランシェ(安全度)が低い証券から価値が毀損する。

つまり、エクイティから毀損して行くわけだ。まずエクイティが毀損し、エクイティが全損にまで至ると次にメザニンが毀損する。エクイティとメザニンが全損して、初めてシニアに損失が発生する。だから、シニアの安全性は高いということになり、トリプルAも可能になるのだ。

一方、利回りはトランシェが低いほど利回りが高くなり、トランシェが高いほど利回りは低くなる。もっともリスクが高いエクイティは格付けはないが、その分利回りは高く一五%前後。次のメザニンは、シングルA~ダブルBで利回りは六%前後。そして安全度の高いシニアは、トリプルAなど高格付けで毀損しないことが想定されているから利回りは二%前後。いや今の時代、「にも関わらず、利回りは二％前後」と言った方がよいだろう。

少し専門的になるが、一般にトリプルＡ格のＣＬＯはＬＩＢＯＲ（「ライボー」：ロンドン市場での銀行間取引金利。「金利はＬＩＢＯＲ＋〇％とする」などの資金調達コストの基準として用いられる）に対する上乗せ幅が一〇〇ｂｐ（「ベーシス・ポイント」：〇・〇一％）を超える。ＣＬＯは、同じくトリプルＡ格の一〇年物米国債と比べると一五〇ｂｐ、一・五％ほども高い利回りが得られる美味しい商品なのだ。

一つの資産（ＣＬＯ）全体にそれぞれのトランシェが占める割合は、エクイティが五％、メザニンが一五％、シニアが八〇％といった感じだ。このうち、日本の金融機関が保有しているのは、すべてトリプルＡのシニアのＣＬＯだ。

確かに、エクイティやメザニン部分がクッションになっているので、シニアの安全性は高い。エクイティとメザニンが全損して、初めてシニアにも毀損が生じる。しかし、あのリーマン・ショックの際は、ダブルＡやトリプルＡのシニアにも毀損が発生した。よりリスクの高いトランシェ（エクイティ・メザニン）は全損したのだ。

当時は、「金融工学はすべてのリスクをヘッジする」（証券化商品のシニア部分は高格付けのため毀損はしない）と謳われていたため、シニアまでもが毀損したことに多くの投資家は激しく動揺した。このリーマン・ショックの経験から言えることは、トリプルAなどというのも一つの参考指標に過ぎないのであって、結局のところ完全に無リスクという資産などないということだ。

とはいえ、これほど邦銀が手を出すのには、それなりの理由がある。CLOの先行きを楽観視する向きは、現在までのパフォーマンスの良さを強調する。たとえば、トリプルAに格付けされたシニアに、一度も不履行は起こっていない。しかし、レバレッジド・ローンやCLOという金融証券化商品が大きく成長してから、いまだ本格的な景気後退には晒されていない。CLOは本当にどこまで耐えられるか、まだその試練には遭遇していないのだ。

それに、毀損に至らないまでもCLOも金融商品である以上、金融市場が動揺した場合には、価格が急落するリスクはある。実際、アメリカのローン取引の業界団体であるＬＳＴＡの資料によれば、二〇〇八年一月〜二〇〇九年半ばにかけて、トリプルＡ格のＣＬＯは二割ほど価格が下落したという。

貸出条件が緩くなっているところもサブプライム・ローンと同じ

レバレッジド・ローンには、緩い貸し出しのリスクも指摘されている。元日銀審議委員で現在は野村総研の主席研究員を務める木内登英氏は、同総研のコラム（二〇一九年二月一三日付）で次のように詳しく説明している。

レバレッジドローンに関するリスクで、近年、特に注目を集めているのが、融資の契約を行う際に盛り込む特約事項である「コベナンツ」が、確実に緩められてきていることだ。コベナンツとは、たとえば、借入を希望する企業が、一定の財務比率等について金融機関にその遵守を約束し（財務維持コベナンツ）、仮に、企業がその約束に違反した

場合は融資を回収するといったものだ。企業の財務環境が一定程度悪化すれば、企業が破綻する前に融資が回収できるため、金融機関は貸倒れのリスクを大きく削減できる。またCLOの投資家も投資リスクを減らすことができる。

企業が破綻する前にこの条項が適用される仕組みは、金融機関や投資家がより大きなリスクに直面することを、事前に回避させるという点から、「炭鉱のカナリア」の一種とも言われる。

ところが、このコベナンツの要件がかなり緩められているのである。これを、コベナンツ・ライトともいい、その結果、金融機関や投資家がより大きなリスクをとるようになっている。今や、「炭鉱のカナリア」の機能が着実に損なわれているのである。

（野村総研コラム　二〇一九年二月一三日付）

このように緩い貸し出しが増えている背景には、レバレッジド・ローンとし

レバレッジドローンに占めるコベナンツ・ライトの比率

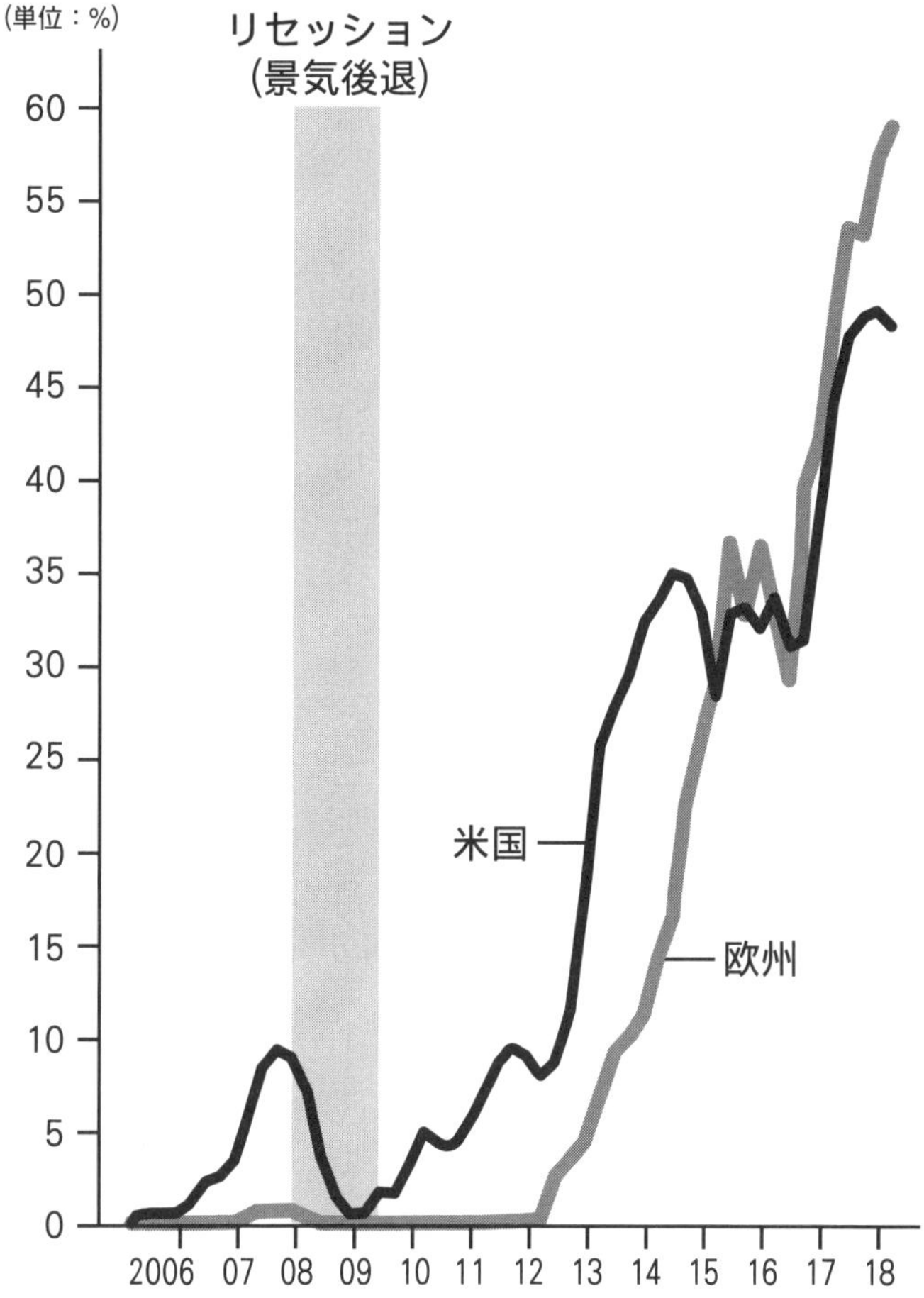

IIFのデータを基に作成

て資金を供給したい金融機関が増えたことで、借り手が優位な立場となったことがある。そのため、破綻時に回収が最優先されない「第二抵当付きレバレッジド・ローン」も増加している。

また、CLOマネージャーのリスクテイク姿勢も段々と緩くなってきており、問題視する声が聞かれる。日銀の分析によれば、CLOマネージャーはレバレッジド・ローン獲得の競合などで投資家が要求する利ざや水準の確保に苦労する場合には、設定された基準を満たす形ではあるが、より格付けの低いレバレッジド・ローンの組入比率を引き上げるようなことが行なわれているという。

国際金融協会によると、恐ろしいことに融資条件の緩いコベナンツ・ライトがレバレッジド・ローンに占める割合は、アメリカで約五〇%、欧州で約六〇%となっている。先のサブプライム・バブル時にも、不動産価格の上昇を前提に低所得者層にどんどん貸し付けが行なわれた。

今、起こっていることは、その対象が個人から企業に移っただけである。サブプライム・ローンがレバレッジド・ローンに、CDOがCLOに、その小道具こそ変わってはいるが、当時とそっくりのことが起こっているではないか。

大臣が国会で「甚大な影響を与える恐れ」と発言

先に同じトリプルＡ格でも、ＣＬＯは米国債より一・五％ほども高い利回りが得られると記した。しかし、本当にそんなにウマい話があるのだろうか？金融の世界、とりわけ金利の世界は極めて合理的なものだ。リターンが高いものには必ずそれ相応のリスクがある。

「スプレッド（利ざや）を比較すると、トリプルＡ格のＣＬＯは、米社債だとトリプルＢ格と同じ水準。つまり、市場が両者に見込むリスクは同等だ」（『週刊ダイヤモンド』二〇一九年七月六日号）（村木正雄・ドイツ証券調査本部長）という指摘もある。村木氏は、ＣＬＯには「満期前に売却する際の価格変動リスク」（同前）などが潜在的に織り込まれているという。トリプルＡ格のＣＬＯは、「なんちゃってトリプルＡ」で、本当の実力は「トリプルＢ格と同じ水準」

と見ておくべきだろう。

近年のCLOおよびレバレッジド・ローン市場の過熱ぶりには、多くの識者から警告が発せられている。二〇一八年一二月には、ジャネット・イエレン前FRB（米連邦準備制度理事会）議長が「景気が悪化すれば、レバレッジドローンの負債が原因で経営破綻する企業が相次ぐだろう。これにより景気が一段と悪化する」（野村総研コラム二〇一九年二月一三日付）と警鐘を鳴らし、米資産運用大手ピムコのCIO（最高投資責任者）であるダニエル・アイバスキンも「この分野には、景気が悪化すれば重要な問題に発展する要素がそろっている」（英フィナンシャル・タイムズ二〇一九年一月二一日付）と指摘した。

こうした指摘を受け、日本の金融庁は二〇一九年一月、三菱UFJフィナンシャル・グループ（MUFG）など大手七銀行に対し、CLO投資に関する一斉調査を実施した。この事実は金融庁の関係者が匿名を条件に明らかにしたもので、二〇一九年二月二八日に米ブルームバーグが最初に報じている。

調査対象となったのはMUFG、三井住友フィナンシャル・グループ、みずほフィナンシャル・グループ、りそなホールディングス、三井住友トラスト・ホールディングス、農林中央金庫、ゆうちょ銀行の七行。うち、事前調査でＣＬＯ投資残高の大きかった農林中金、ゆうちょ銀行、ＭＵＦＧに対してはより重点的な調査を実施したという。その結果、三メガバンクはもちろんのこと、機関投資家として金融機関との契約を多く抱える農林中金、ゆうちょ銀行で問題が発生した場合も、金融システム全体に幅広く波及する恐れがあるとの認識を示したというのだ。

リーマン・ショックの時に破綻したリーマン・ブラザーズは、当時アメリカ第四位の投資銀行であり、破綻する直前まで格付会社からのトリプルＡの格付けを付与されていた。しかし、あっけなく飛んでしまったのである。農林中金・ゆうちょ・三菱ＵＦＪの格付けは、いずれもシングルＡレベル。どうして飛ばないと断言できるだろうか。

農林中金がＣＬＯ投資を急拡大していることに関連し、吉川貴盛農相（当時）は二〇一九年四月一八日の参議院農林水産委員会で次のように述べた——「仮に損失が発生すれば、ＪＡバンク等や農村地域に甚大な影響を与える恐れがあると認識している」。農林水産大臣が国会でこう答えざるを得ない状況に陥っているのである。

銀行への「甚大な影響」——それは私たちの預金に対する「甚大な影響」ということである。あなたの預貯金は今や重大なリスクにさらされている。

第四章

今後、何が起きるのか
——二〇二〇～三〇年の恐るべきスケジュール

無限に借金を作り出してしまうと、
経済の仕組みはおかしくなり、いずれ破綻する
（デビッド・グレーバー：ロンドン・スクール・オブ・エコノミクス教授）

今後二〇年間、世界と日本が直面する悲劇

「二〇〇八年の金融危機を上回る前例のない経済危機が来年に近づく。さらに大きな問題は危機時に使う弾丸がないことだ」（中央日報二〇一九年七月二日付）――米ニューヨーク大学のヌリエル・ルービニ教授は、二〇二〇年の危機到来を断言している。

前出のマーク・ファーバーと並び生粋の悲観論者として知られるルービニ氏は、二〇〇六年のＩＭＦ（国際通貨基金）総会でリーマン・ショックを〝予言〟した。その総会でルービニ氏はこう話を切り出した――「専門家による経済予想、特に景気後退の予測は当たらないものだ。私は予想の専門家ではないから、たぶんこの予想は当たるだろう」（倉都康行著『予見された経済危機　ルービニ教授が「読む」世界史の転換』）。会場は失笑と冷笑に包まれたが、ルービニ氏は住宅市況の変調、原油価格、金融政策を根拠としてこう続けた――「米国は

これから厳しいリセッションに陥る、皆が期待するようなソフトランディング（編集部注：軟着陸）はあり得ない」（同前）。

当時、ルービニ氏の発言はほとんど注目を集めなかったが、二〇〇八年一二月に英フィナンシャル・タイムズは金融危機を事前に予見した経済学者としてただ一人、ルービニ氏の名前を挙げて称賛した。そんなルービニ氏は、二〇一八年の半ば頃から「二〇二〇年には金融危機の条件が揃う」と語り始め、直近では同年の危機を断言するまでに至っている。

同氏は米ブルームバーグのインタビューに対し、当局が暴落を防ぐ政策ツールを有していた二〇〇八年と違い、次の景気後退に立ち向かう当局が両手を縛られている一方、全体の債務レベルは前回より高いことから「世界経済にとって恐ろしい時代だ」（米ブルームバーグ二〇一九年七月二日付）と過酷な危機が訪れる可能性があると答えている。そして、こうも言った――「楽観は、『これまで全てのリセッションでそうだったように』崩れる公算が大きい」（同前）。

私もルービニ氏と同じく二〇二〇〜二〇二一年の金融危機を予測している。

第二章で述べたように、アメリカで起こった一一度の景気後退のすべてに先行して起こっている逆イールドは、ＪＰモルガンによると平均でリセッションの一七ヵ月前に起きている。二年物と一〇年物の米国債の利回りが逆転した二〇一九年八月を起点にすると一七ヵ月後は二〇二一年一月となり、過去を参考にするとその間にリセッション入りする可能性が高い。

当局に残された手段がない分、次に金融危機が起これば時間を置いてソブリン・クライシス（国家債務危機）の連鎖が起き、最終的にはあちらこちらで通貨危機が始まるだろう。仮に二〇二〇年中に金融危機が起これば、二年後の二〇二二年には債務危機の嵐が吹き荒れ、自国通貨を自由に刷れる政府はＭＭＴ（次ページにて解説）のような政策を導入するはずだ。

その筆頭候補は、ここ日本である。私の見立てでは、二〇二〇～二〇二一年の金融危機を起点にすると、どんなに遅くとも二〇二五年にはＭＭＴが導入され、そこから円は趨勢的な下落局面に移行し、二〇三〇年には真の意味で国家破綻を迎えるだろう。

二〇二〇年代の主流はMMTか――通貨危機は避けられない

「現在の形での中央銀行はいずれ時代遅れになり、MMTのような別の仕組みに取って代わられるのは『不可避』だ」（米ブルームバーグ二〇一九年五月三日付）――世界最大のヘッジファンド（運用総額一五〇〇億ドル）として知られる米ブリッジウォーター・アソシエイツのレイ・ダリオは、こう大胆な予想を披露している。

ここ日本でもすでに俎上に上がっているこのMMT（モダン・マネタリー・セオリー：現代貨幣理論）とは、最新の（そして一部で流行している）経済理論で、金融主権国家は国防、教育、インフラなどの支出に関しては、好きなだけ法定通貨を発行して対応できるというものだ。

ただし、インフレが制御されているという条件付きだが、今はその状態にあるため一部の学者などが導入するよう各国の当局へ呼びかけている。独自に通

各国の政策金利の推移

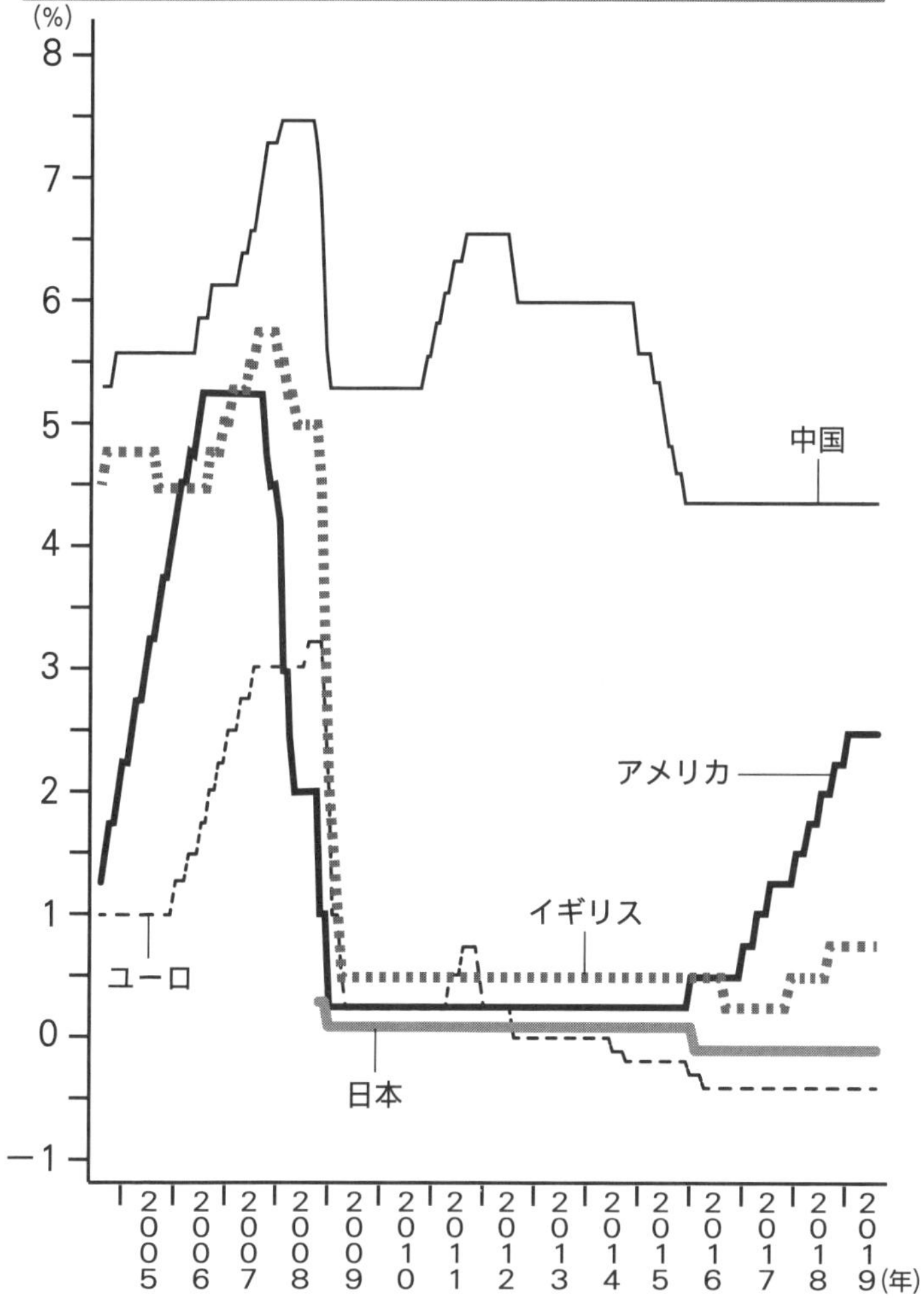

ブルームバーグのデータを基に作成

貨（不換紙幣）を発行する国家は破綻しない、というのが本当であれば、夢のような話だ。極論すると、〝無税国家〟が誕生する。にわかには信じがたい理論であるが、前出のダリオ氏は大胆にも主要国では中央銀行がＭＭＴのような仕組みに代わるというのだ。

誤解しないでいただきたいが、同氏はＭＭＴを推奨しているのではない。「ＭＭＴを受け入れる以外、政策当局に選択肢はないも同然だ」（同前）というのだ。しかもＭＭＴへのシフトはすでにかなり進行しているとも指摘する。日欧がゼロ金利（付近）から脱却できていない点や、アメリカもリセッションに陥れば再びゼロ金利が視野に入ることをその根拠として挙げた。

彼の言い分には一理ある。日米欧などの金利はほぼゼロに張り付いており、もはや従来の金融政策だけで景気浮揚を図るのは難しい。量的緩和などの資産購入プログラムも効果がはっきりしないため、当局が財政面の刺激策に行き着くのは当然と言えば当然だ。もちろん、先進国の財政は一様に疲弊しており、従来のような財政出動も難しい。そこで登場するのが、ＭＭＴだ。「ない袖は振れず、もはや残された策は打ち出の小槌しかない」というのがダリオ氏の言い分である。

このMMTは、れっきとした財政ファイナンス（中央銀行が通貨を発行して国債を直接引き受けること）であり、結果的には高インフレが誘発される可能性が高い。「いやいや、実質的にMMTを導入している日本ではインフレも起こってないし、金利だって跳ね上がっていないじゃないか」とMMTを擁護する者は言うだろう。むしろ、MMTの世界的なスピーカー（広報）として知られる米ニューヨーク州立大学のステファニー・ケルトン教授などは、「日本がお手本だ」という始末だ。事実、日銀の質的・量的緩和（QQE）や金利ターゲットに対しては「事実上の財政ファイナンス」と指摘する者もいる。

しかし、現行のQQEでは財務省が発行した日本国債を国内金融機関が保有し、それを改めて日銀が購入するという形で金融機関に資金を供給している。ここが、財政ファイナンスとの大きな違いだ。この場合だと、日銀が国内金融機関から国債を買って資金供給量を増やしたところで、銀行が貸し出しを増やさない限り資金が実体経済に浸透することはない。

ところが、現在の日本では金利が圧倒的に低いにも関わらず借金をしてまで設備投資をしようとする経営者は少ない。また大企業の多くは〝キャッシュ・リッチ〟で、そもそも銀行からお金を借りる必要がない。このような状態を「流動性の罠」と呼ぶが、流動性の罠の下ではQQEのような金融政策がおよぼす効果は限定的となる。

対する財政ファイナンスは、基本的に金融機関を介在させない。簡単に言うと、政府が日銀から直接お金を受け取る。MMTでは、それを国防、教育、インフラなどの支出に充てて景気を浮揚させるというわけだ。

MMTと似たような理論に、ミルトン・フリードマンが提唱した「ヘリコプター・マネー」がある。中央銀行が紙幣を刷ってそれを国民に直接バラ撒く（中銀がヘリコプターから国民にお金を撒く）というものだ。まさに奇策であり、戦後に限れば主要国がヘリコプター・マネーを発動した試しはないが、一部の有識者は導入を叫んでいる。

その中の一人が、高名なベン・バーナンキ元FRB（米連邦準備制度理事会）議長だ。同氏は二〇一六年に「慢性的な需要不足なのに通貨政策が思うように行かず政界の反対で財政政策を使うのが難しい時には、ヘリコプター・マネーはもっとも良い対案になりうる」と主張している。ヘリコプター・マネーの強固な提唱者で、それゆえ付いたあだ名が〝ヘリコプター・ベン〟だ。量的緩和と違い金融機関を介在させないヘリコプター・マネーは、家計に直接お金をバラ撒くため供給された資金は「流動性の罠」に関係なく実体経済へと浸透する。

とはいえ、仮にヘリコプターからお札をバラ撒いても、かつて民主党政権が実施した「子ども手当て」のように国民が将来の増税を連想して貯蓄に回すかもしれない。だが、前提として財源は無尽蔵として、期限付きのデビットカードのような形でバラ撒けば、確実に消費は喚起される。デフレも即座に吹っ飛ぶだろう。まさに万々歳だ。

実は、ここに「MMT」と「ヘリコプター・マネー」の盲点がある。財政ファイナンスは、単純にインフレを伴う可能性が極めて高いということだ。一方、インフレを怖がって銀行を介在させれば、効果は失われてしまう。

こうした政策が本当に導入された時のことを想像してみてほしい。将来的なインフレを想定し、頭のよい人は円を外貨に換えるだろう。円安は輸入インフレをもたらすため、次第に円安スパイラルに陥るはずだ。

MMTの擁護者は「インフレが起きたら止めればよい」と簡単に言うが、通貨安やインフレを沈静化させる利上げは積もりに積もった債務の利払い負担を直撃する。そんなことが、政治的にできるのか。かつて対談したことのある法政大学教授の小黒一正氏も「インフレはいつどんな経路で生じるかわからない。過去の教訓から中央銀行の独立性を高めた歴史もある。インフレを簡単に制御できると言うなら、物価上昇で苦しむアルゼンチンなどで成果を出してからにしてほしい」（日本経済新聞二〇一九年七月一八日付）とMMT理論に対して指摘している。債務の問題もあり、利上げなどでインフレを容易に退治できないからこそ、MMTは最終的に通貨危機に行き着く。これが、私の持論だ。

極端に思われるかもしれないが、二〇二〇年代は世界的にMMTの時代、ひいては通貨危機の時代になると予想したい。冒頭でダリオ氏が指摘しているように、これからの時代、中央銀行はＭＭＴなどの仕組みに取って代わられる可能性は意外にも高いと見るべきだ。「常識的に考えてさすがにそれはないだろう」と大方の人は思うかもしれないが、事実として現行の金融政策はいよいよ限界にきている。仮に大きなリセッションが到来すれば、ＱＥ（量的緩和）など次元の違う〝異次元〟な政策が採用されても何ら不思議ではないのだ。

二〇二〇年代に主要国の財政が壁にぶち当たることだけは、おおよそ間違いない。しかし、財政危機が各国政府のデフォルト（債務不履行）で帰結するとは限らず、それこそＭＭＴのような政策が採用される可能性の方が高いとも考えられる。政治的にそちらの方が容易だからだ。

繰り返しになるが、そうなると二〇二〇年代は「通貨危機の時代」となる。その筆頭候補はここ日本であるが、通貨同盟のユーロだって崩壊するかもしれない。ここ最近の財政赤字の増え方を見ていると、基軸通貨の米ドルでさえ厄介な未来が待ち受けている恐れもある（それでも私は米ドルに強気だ）。

壮大な話になるが、一九七一年八月一五日のニクソン・ショックをもって世界の主要国のすべてが紙幣本位制に移行したが、二〇二〇年代にこの紙幣本位制が局地的に崩壊するかもしれない。

実は、歴史上すべての紙幣本位制は崩壊している。全世界の紙幣が無価値になるなどと極端なことは言わないが、それでも現行の紙幣本位制度に相当なショックが加わることも想定しておいた方がよい。最終的には、金《きん》（ゴールド）が勝つのだろう。やはり、金《きん》を保有するべきだろう。

東京五輪、大阪万博、リニア開通……高度経済成長期を彷彿か

二〇二〇年代と聞いて、多くの人はまず二〇二〇年の東京五輪を思い浮かべるだろう。さらには二〇二五年の大阪万博、そして二〇二七年のリニアモーターカーの開通となると、いよいよ高度経済成長期を彷彿とさせる。

しかし、多くの人は漠然とこう思っているに違いない――「高度成長が再現

されることなどあるわけない」。それはその通りだ。羅列したイベントは新興国でこそカンフル剤としての効果を存分に発揮するが、インフラなどが一通り揃った先進国でやってもそこまでの効果は期待できない。もちろん、国威発揚などの効果を見込め、それだけでもやる価値はあるという意見にも一理あるが、私たち日本人はその裏で進行している事態にも目を配る必要がある。

その事態とは、まずは「高齢化」だ。近年、大ベストセラーとなった『未来の年表』（河合雅司著／講談社刊）にはそれこそ恐ろしい未来が記されている。何より認識すべきは、二〇二〇年代に高齢化と人口減少が「本番」を迎えるということだ。

二〇二四年には団塊の世代（一九四七〜一九四九年に生まれた世代）すべてが後期高齢者（七五歳）の仲間入りをし、社会保障費が一気に増大する。団塊の世代は日本の人口ボリュームの中でもっとも厚く、その数は八〇六万人（出生数）だ。後期高齢者が増えると医療費の負担が大幅に増えることがわかっており、膨大な人口ボリュームを持つ団塊の世代が後期高齢者となるインパクトは大きい。また、二〇二六年には高齢者のうち五人に一人が認知症になる見込みだ。

これらと同時に「少子化」も進む。二〇二〇年には女性の過半数が五〇歳以上となり、出産可能な女性の数が大きく減り始める。まさに、超少子高齢化の時代がやってくるというわけだ。

今から一〇年前の二〇〇九年、米著名投資専門誌『バロンズ』は「Is the Sun Setting on Japan ?（日本経済は斜陽か?）」と題した論説記事を掲載、ジャパン・セラー（日本売り）を画策するヘッジファンドの言葉として、日本の未来をこう予言している――「五〇年後、ハイテク旅客機が中国と米国の観光客を乗せて降り立ったのは、かつて世界第二の経済大国日本の廃墟である。そこは老人ばかりが住む荒廃した東京だ。雑草に覆われた高速道路とかつて正確運行を誇った新幹線。いずれも繁栄社会の亡霊のような残骸である――」（米バロンズ二〇〇九年九月二八日付）。誠に残念な話であるが、こうした未来が実現してしまう可能性は決して低くない。経済の長期予測は外れることがほとんどだが、

65歳以上の老年人口比率ランキング

順位	2010年		2030年		2050年	
1	日本	22.7	日本	30.3	台湾	35.7
2	ドイツ	20.4	ドイツ	28.0	日本	35.6
3	イタリア	20.4	イタリア	26.4	ポルトガル	34.0
4	ギリシャ	18.6	香港	25.6	韓国	32.8
5	スウェーデン	18.2	ポルトガル	25.2	イタリア	32.7
6	ポルトガル	17.9	フィンランド	25.2	スペイン	32.6
7	ラトビア	17.8	オーストリア	25.1	キューバ	31.9
8	オーストリア	17.6	スロベニア	25.1	シンガポール	31.8
9	ブルガリア	17.5	スイス	24.7	ボスニア・ヘルツェゴビナ	31.4
10	ベルギー	17.4	オランダ	24.2	スイス	30.9

国連のデータを基に作成

人口動態となると話は別で、よほどの重大事（それこそ隕石の衝突など）がない限り出生率や平均寿命が短期間で大幅に変化することはほとんどあり得ないため、多少の差異はあるにしろほぼ確定的な予測が可能である。

一二三ページの図は日銀が国連推計（二〇一〇年版）に基づき作成した資料だが、日本が今後数十年にわたって世界一の高齢大国として君臨することは明白だ。また、日本は少子化の危険度ランキングでもトップに君臨している。

とはいえ、人口トレンドは変化が非常にゆっくりであるため、政治家のみならず国民にもなかなか実感が沸かず対応が先送りにされやすい。日本においても、少なくとも一九九〇年頃には「二〇年後には深刻な超高齢社会が到来する」とほぼわかっていたのに、対応は常に先送りにされてきた。

人口ボーナスのおかげもあって、日本が本格的な高度成長を迎えようとしていた一九六二年、イギリスを代表する経済誌『エコノミスト』は「Consider Japan」（驚くべき日本）と題した特集を組み、日本がアメリカに次ぐ世界第二位の経済大国になるといった予測を披露し、世界中を驚かせたのである。その後、確かに日本は経済大国となった。

しかし、その『エコノミスト』誌が二〇一二年に正反対の予想をして世界を驚かせたのである。それは「Megachange」（メガチェンジ：大激変。邦訳版は『二〇五〇年の世界』）という題名の調査予測で、日本の高齢化を取り上げたうえでこう断言している──「日本は、世界で最も悲惨な二〇五〇年を迎える」。

このままでは、『エコノミスト』誌の言う通り日本は主要国の中でもっとも悲惨な二〇五〇年を迎える可能性は高い。しかし、その前段である二〇二〇年代にも日本は極めて凄惨な事態に陥ると私は見ている。その最大の理由は、人口動態の前に財政の限界がくるからだ。もはや、「五輪だ、リニアだ」などと言っている場合ではない。

二〇二〇～二〇三〇年の恐るべきスケジュール

故スティーブ・ジョブズが率いた米アップル社のスマートフォンは、間違いなく二〇一〇年代を彩った。この十数年で科学技術が一層進歩したことは確かで、ドローンが空を飛びまわり、手のひらサイズの液晶を使って現実の世界に投影したキャラクターを集めるゲームに老若男女が興じる姿を、今から一〇年前に予想していた人はほとんどいないに違いない。

二〇二〇年代もＡＩ（人工知能）、５Ｇ（次世代通信）、ＩｏＴ（ありとあらゆるものがネットワークに接続されること）、自動運転など科学技術の進展が私たちの生活に多大な変化をもたらすはずだ。

しかし、夢を奪うようで申し訳ないが、こうした科学技術の進歩が全人類を潤すことはない。一九九〇年代に始まった第三次産業革命（情報技術革命）は結果的に大して生産性の伸びに貢献しなかったことがわかっているが、第四次産業革命（人工知能）も同じ轍を踏む可能性がある。

というより、技術革新による生産性の爆発的な伸びは、第一次と第二次の産業革命で終焉してしまった可能性が高い。英フィナンシャル・タイムズ紙の論説委員であるマーティン・ウルフは、生産性の観点では「現在の情報時代は、

少子化危険度ランキング

（単位：万人）

順位	国名	15歳未満減少率	1980年（15歳未満人口）	2050年（15歳未満人口）
1	日本	72.50%	2,751	818
2	韓国	66.04%	1,296	440
3	ウクライナ	63.02%	1,071	396
4	ロシア	42.29%	1,259	726
5	イタリア	45.99%	2,995	1,618
6	タイ	41.08%	1,807	1,065
7	中国	39.21%	35,460	21,555
8	ギリシャ	34.62%	220	144
9	スペイン	31.73%	972	664
10	ドイツ	29.92%	1,448	1,015
11	メキシコ	28.71%	3,099	2,209
12	ベルギー	19.58%	199	160
13	インドネシア	15.10%	6,120	5,196
14	オランダ	12.61%	316	276
15	フランス	9.09%	1,202	1,092
16	トルコ	7.46%	1,871	1,732
17	ベトナム	6.64%	2,210	2,064
18	イギリス	5.87%	1,183	1,113
19	ブラジル	2.94%	4,634	4,497

※世界の統計2008（総務省）世界人口・年齢構成の推移を基に算出
※1980年から2050年にかけて、15歳未満の人口の減少率が高い順にランキング

未来予測シナリオ

2026年	『高齢者の5人に1人が認知症患者（約730万人）となる』。日本の名目GDP（米ドル換算）がインドに抜かれ世界4位に。また、米中で時価総額5兆ドルの企業が誕生する。
2027年	「品川～名古屋間のリニアモーターカーが開通予定」。首都圏の一等地の不動産価格もピークを打つ。
2029年	日銀の保有する国債の残高がGDP比で200％となる。ドル/円は160～180円のレンジに突入。悪性のインフレ率は2桁に。また、中国で金融危機が発生。国民の不満を逸らすために共産党が冒険主義に打って出る。結果、共産党は崩壊の危機に。
2030年	『労働供給（仕事に就いている人の数）の5人に1人が高齢者か外国人になる』。日本の潜在成長率（国が中長期的にどれだけの経済成長を達成できるかという仮想上の成長率）が0％程度に低下。全都道府県で人口が減少を始める。悪性インフレと人口減少の激化で国力の本格的な減退期に。反面、インフレによって日経平均株価は史上最高値を更新。

2020年代

2020年7～8月	「東京オリンピック開催」
2020年3月～2021年3月	金融危機発生に伴い世界経済がリセッション(景気後退)入り。日経平均の下値の目処は14000～12000円のレンジか。
2021年	首都圏の不動産価格がピークをつける。ただし、３Ａ（麻布、青山、赤坂）など一等地は除く。
2022年	ある地方銀行が破綻。1998年に続く金融危機。キャピタル・フライト(資本逃避)により、ドル/円は140円台に突入。
2023年	イスラエルとイランが全面戦争を開始。令和のオイル・ショック。
2024年	『団塊の世代すべてが75歳の後期高齢者となる』。社会保障費の増加ペースが加速。
2024年～2025年	日本と欧州でMMTもしくはそれに似た政策が近代で初めて導入される。よって、増税は恒久的に凍結される。日本はついにデフレ脱却。
2025年5月	「大阪万博開催」。大阪の外国人観光客数が初めて東京を抜く。

ほとんど空騒ぎ」（英フィナンシャル・タイムズ二〇一二年一〇月四日付）だと喝破する。実際に、アメリカでは一九七〇年代に生産性の伸び率がピークを打ち、第三次産業革命によって一九九六年から二〇〇四年にかけて一時的に加速するも、直近では再び鈍化の道を歩み始めた。

残念だが、ここ日本でも生産性の低下が著しく結果的に私たちが手にする給料も間違いなく伸び悩んでいる。直近の一〇年間だけを見ても、日本では実質賃金（物価上昇を加味したもの）が下がり続けてきた。

こうしたトレンドがあくまでも一過性のものであればよいが、最近では多くの先進国で〝限界論〟が語られ始めている。「成長を追い求めるのをやめよう」という声も聞かれるようになったが、そしてこのような主張はあって然るべきだが、それでも「経済成長はすべてを癒す」という格言は今なお有効で、趨勢的な成長の低迷は大きな問題を誘発するはずだ。

一九三〇年代のように、ポピュリズムが台頭し、戦争にまで行き着くことだって考えられなくはない。少なくとも先進国は、過去一〇年よりも悲惨な向こう一〇年（二〇二〇年代）を過ごす可能性が高い。

一二八ページ〜一二九ページに、私が大切だと思う二〇二〇年代の大よそのスケジュールと予測するイベントを簡単に羅列した。「」は現時点で実際に決まっている予定。また、人口動態に関しては『』で表記し、前出の『未来の年表』を参考とさせていただいた。果たして、私たちを待ち受けるのは、どんな未来なのだろうか。

第五章

非常時モードに切り替えろ！【心得】

——有事を生き残るための一〇の鉄則

私の実践的スキルを要約せよ、と求められたなら、
ただひとこと「サバイバル」と答えるだろう。
まず生き残れ。儲けるのはそれからだ。

（ジョージ・ソロス）

本気で財産を守り抜きたいあなたへ

前章までを読まれた皆さんには、私たちが今、どれほどきわどい局面に生きているのかよく理解されたことと思う。それは、さながら大きな地震の後に訪れる津波のごとき危機であり、「今は音も気配もしないし、いつ来るか正確にはわからないが、近いうちにまず間違いなくくる」という性質のものだ。そして、この危機によって皆さんの大切な財産は根こそぎ失われるだろう。

しかしながら、「株価暴落、そして世界的恐慌」という経済災害には、地震や津波などの天災とは決定的な違いがある。それは、しかるべく対策を講じれば被害を食い止められるどころか、やり方次第ではその状況を逆手にとって資産を殖やすことすら可能という点だ。本書の副題に「資産家は恐慌時に生まれる」と書いているが、本書が言いたい点は、まさにこの一言に尽きるのだ。

そこでこの章以降では、あなたの大切な財産を守り、さらにはピンチをチャンスに変えて資産を殖やす具体的な方策を解説して行く。

だがまずその前に、本章では資産保全の心得を解説して行きたい。「心得など何を迂遠《うえん》な」と侮ってはいけない。資産保全や資産増大の方策とは、所詮は「道具」に過ぎない。経済局面や社会情勢の変化によって、こうした「道具」は絶大な威力を発揮するが、一方で選択やタイミングを誤ればまったくの逆効果に陥ることもある。「バカとハサミは使いよう」とはよく言ったもので、使い手こそがその道具の効き目を決定づける。よって、道具を使うあなたが賢くなって、柔軟な発想によって上手に状況判断しながら道具を使えるようにならなければいけない。そして、その状況判断の根幹をなすのが「心得」というわけだ。

だから、この章は何度も繰り返して読み込み(最低でも一〇回)、ページがボロボロになって擦り切れるほどに熟読して、しっかりとあなたの血肉としていただきたい。もし、この心得を自然に実践できるまで自分に叩き込めば、あなたの資産防衛の成功はまず間違いないことを私が保証しよう。

逆に、この心得をないがしろにし、後段の具体的方策だけを中途半端に実践するようであれば、ハッキリ言ってその成果について私はまったく責任を負えない。良くて五分五分の結果、もし良好な結果が伴ったとしても、それはたまたま幸運だったということだ。

さあ、ではさっそく資産防衛の要諦である心得を見て行こう。

心得① すべてを変える覚悟で臨め

最初からかなり厳しいことを言うようだが、大恐慌そしてその後に続くだろう日本国破産という激動の時代にあって、財産を保全し生き抜きたいと考えるならば、あらゆる物事を変える覚悟で臨まなければならない。「嫁と子供以外はすべて変えろ！」――韓国サムスン電子の李健熙《イ・ゴンヒ》会長は一九九三年に全役員を招集した会議で強烈な檄を飛ばし、後のサムスングループ大躍進を主導した。この発言の心は、「現状に甘んじるな。常に高い危機意識を持って精励せよ」ということだ。私は、これからの激動の時代に生き残りをかけるのならば、これぐらいの覚悟が当然必要だと考えている。

李健熙氏の言葉を借りるならば、私はあえて「必要ならば嫁と子供すら変えろ！」と言いたい。これは、嫁や子供を本当に変えるのはかなり深刻な決断だが、それすらも躊躇してはならないという意味を込めている。ましてや、それに並ぶあらゆるもの、たとえば自分の生活や消費様式、付き合う人間、さらには自分の常識や価値観に至るまで、文字通りすべてを激動時代の非常時モードにアップデートするのだ。

「浅井さん、いくら何でもそれは言い過ぎでしょう」という声が聞こえそうだが、私はいたって真面目に、本気でそう考えている。非常時モードに変えて行くべき「生活」や「消費」「人付き合い」「常識」「価値観」といった事柄は、一見するとどれも変えることが容易ではなさそうに感じるが、実は自分が思い込んでいるほどには不変で固定されているものではない。年を重ね、社会が変化すれば、どれも知らないうちにどんどん変化して行くものだ。通常はそれが徐々に無意識的に起こるため、自分で変化に順応していることに気付いていないだけである。

二〇年前と今の自分の価値観や常識、付き合っている人間を比べてみてほしい。まったく変化していない人の方が珍しく、大体の人は何らかの点で大きく変化していることだろう。その変化を短期間に、自発的にやろうとするから大変に思うだけで、実はやってみればどうということはない。人は、意外にもすぐに順応してしまうものである。

では、自分に関するあらゆることを「どう変える」のか。それは、大恐慌経由国家破産という激動の時代に、資産と大切な人を守り抜くために必要なすべてを取り入れ、妨げとなるものを排除するということだ。

たとえば、生活様式や消費について、無駄遣いを極力減らす取り組みはすぐさま始めた方がよい。もしあなたが倹約を苦手とするなら、それはこれからの時代では命取りになるだろう。恐慌さらに国家破産という事態になれば、したくなくとも倹約しなければならなくなるし、蓄えのない人はすぐさま生活が破綻することとなる。そして、ほとんどの人は急激に生活水準を落とさざるを得なくなる。

そこでそうなる前、つまりまだ経済的余裕がある時にそれを始めるのだ。言い換えれば「いずれやることを今からやるだけ」のことであって、そんなに難しいことをするわけではないのだ。この一手だけで、浮いたお金を有事のサバイバル資産として活用できるようになるし、後述する「攻めの運用」の原資としても使えるようにもなる。対策の幅がグンと広がる。

倹約の話が出たので、今少し掘り下げよう。実は無駄な支出を抑えるということには、ちょっとした落とし穴がある。単に出費を抑えるだけならそう難しくはないが、出すところと抑えるところ、つまり緩急の付け方が難しいのだ。

たとえば、食費を削ろうとして粗悪なものを食べ続け健康を害したのでは、高額な医療費がかかって経済合理性がない上、そもそも自分の人生にとって意味がない。また、自分を高めるための支出、たとえば技能や資格を身に付けるための「自己投資」は、長い目で見れば経済合理性にかなう可能性が高く、むしろ積極的に出費すべきである。それは単に「自分の財産が殖える」というカネ勘定の話だけでなく、自分の人生を豊かにするという意味でも重要なことだ。そうした観点をきちんと保ちつつ、削れるところを削って行くというのが勘所なのだ。これは一朝一夕に身に付く技術ではない。試行錯誤をしながら「自分流」を築き上げるべきものであり、だからこそすぐさま始めた方がよい。

その延長線上で、人間関係もしっかり見直した方がよい。たとえば、会社の同僚と仕事帰りに夜な夜な飲み歩き、会社のグチばかり言い合って気晴らしするなどというのは典型的なムダである。そんな同僚との付き合いは一切やめるべきだ。また、事あるごとにお金を無心し一向に返す気配すらない親戚や知人も一刀両断に切り捨ててよい。「浅井は冷たい。鬼か悪魔か⁉」と言いたいなら言ってくれて結構。大体、お金だけ渡して相手のためになるだろうなどというのは、お金のことも人間のこともわかっていない、最低のやり方である。

後藤新平が残した言葉に、「金を残して死ぬ者は下、仕事を残して死ぬ者は中、人を残して死ぬ者は上」というものがある。この言葉は、人とお金のことを知り尽くし、明治から大正の日本の近代化、大国化を支えた人物だからこそ出た、極めて含蓄ある言葉だ。

たとえば、自分が死んで子供に何を残すかで考えてみよう。お金だけ残せば、たいていは子供同士でそれを奪い合い、またそのお金を当てに身を持ち崩すことになる。これがもし、家業や会社などのやるべき仕事を子供に継いで死んだなら、子供たちはそれを糧にしてなんとか経済的、社会的自立をして行けるようになるかもしれない。もしさらに、子供にきちんとした教育や知恵を授け、社会に貢献できる人物にできれば、子供は社会で大きく活躍することができ、そうした知恵や教育を授けた親に感謝するだろう。

もしあなたが、どうしても親戚や知人にお金を渡すなら、せめて何らかの仕事なりを与え、その対価として渡すべきだ。お金だけやるのは、その相手を経済的自立から遠ざけ、腐敗させるだけである。それならまだ、突き放して自己解決を促した方がよい。

同じ理屈で、あなたの嫁（夫）や子供が浪費家で、いくら言っても治る見込みがないようなら、同様に離縁すべきである。自分の人生という観点で考えれば、確かにパートナーや子供はかけがえのないものである。しかし、浪費癖を放置して激動の時代に突入し家計が破綻してしまえば、結局は一家離散、あるいは最悪は無理心中という結末が待っている。あなたがそれでもよいというなら一向にかまわないが、往々にしてそういう極限の事態になってみると「なぜこんな人と運命を共にしたいと思ったのか？」と後悔するものである。

お金に関する価値観は、生活を共にする家族にとって極めて重要な問題である。経済の最小単位である家計をどう切り盛りするか、それが共有されず、互いが好き勝手にすることは、本来あってはならないことである。会社や国に置き換えれば、好き勝手に放蕩三昧《ほうとうざんまい》する社員や国民を放置できないことは自明である。それがこと家族となると、途端に情実を交えるのはおかしな話なのだ。大切な家族だからこそ、きちんと危機意識と目的意識を共有すべきである。

ただ、「刺し違えてでも説得する」などと気負い過ぎる必要はない。嫁（夫）はもともと赤の他人であり、子供もいずれ親元を離れ自立して行くものだ。そう考えれば、お金の価値観がすり合せできないほど致命的にかけ離れているならば、離縁するのもまた人生だ。実際に離縁するとなれば、大きな喪失感によって心身に著しい負担がかかるが、それでも激動の時代を果敢に乗り切るためには必要な判断をするしかない。いずれどこかで苦しい決断をするなら、社会情勢に押されてやむにやまれずするよりも、自発的な意思で決断するのがまだしも賢明というものだ。

「必要なら嫁も子供も変える」と言ったのは、まさにその言葉の通りのことで、私はこれほどまでに厳しい覚悟を持ってコトに臨むべきだと考えている。厳しいかもしれないが、この心得を肝に銘じ、腹をくくって行動できるようになるなら、あなたの生き残りは八割方成功が約束されている。なにしろそれほどの決断をするのだから、他の心得を実践するのはたやすいことだろう。

ただ、私が言いたいことは簡単に家族や知人と縁を切れということではない。その点はくれぐれも誤解してはならない。まず、相手を説得することが極めて大事だ。離縁するのは、どれだけ意を尽くし心を砕いても、お互いの理解が得られないという時の最後の手段であることは忘れないでいただきたい。

心得②　何より良質な「情報」を求めよ

さて、もっとも肝心な「覚悟」ができたのならば、その他の心得は気を楽にして、前向きに取り組んでいただきたい。「覚悟」の次に重要な心得とは、「情報」の重要さについてだ。

私の著書を何冊かお読みになった読者ならば、一度は目にしたことがあるかもしれないが、重要なので何度も言っておこう。いかなる時代、いかなる情勢においても、もっとも有用な武器は「良質の情報」なのだ。

中国の軍事思想家孫武が記したとされる「孫子」に、有名な格言がある。「彼を知り己を知れば百戦殆うからず」——戦国の世を生き抜き、勝者となるためにもっとも重要なのは強い武器でも大勢の兵士でもない。適切な情勢判断ができる「本物の情報」であると説いている。織田信長が今川義元を討ち取った桶狭間の戦いでは、わずか三〇〇〇名の織田軍が二万五〇〇〇名と言われる今川の大軍に勝利したが、これこそまさに敵の情報を知り尽くしたゆえの結果である。このような歴史の転換点には、必ず「情報戦を制する」瞬間があり、それゆえ情報こそがすべてのカギを握るといわれるのである。

さて、私たちの周りには、新聞やテレビ、インターネットなどを通じて、日々莫大な量の情報が溢れかえっている。とてもではないが、そのすべてを網羅することはできないし、本気でそんなことをしようものなら他に何もできなくなるだろう。それに、こうした「すぐ手に入る情報」の中には、残念ながら激動の時代を生きる上で有益なものはまずない。

第二海援隊を創業する以前、私は毎日新聞社でカメラマンをしていた。情報を扱う仕事に就いていたわけだが、マスメディアの裏事情を知る人間として断言できることがある。新聞は参考情報程度、テレビに至っては単なるエンターテインメントであって、活きた情報としての価値はほとんどないということだ。ネットに至っては、広大な情報空間の九九％以上が「トイレの落書き」レベルで、そもそも発信元すら特定できず真贋の判断もままならないものが大半だ。

大雑把に言えば、タダで得られる情報（テレビ、ネット）はほとんど使えず、購読料を払う新聞が参考程度、ということだ。

では、本当に役立つ情報とはどんなものか。それは発信者が一次情報（伝聞ではなく発信者自身が取材・調査した情報）を持っていて、その情報に基づいたことを何かしら実践しているものである。そして、往々にしてそうした情報を得るにはそれなりの対価を求められる。

さらに、極めて本質的で重要な情報には、そもそも値段など付けられず、そう軽々に出回るものではない。日頃から信頼できる複数の情報源にアクセスし、優れた人脈を作り、そうした重要情報を得るための「投資」（出費）も行なう必要がある。私は長年国家破産や恐慌を研究し、その対策法についても様々な情報を蓄積しているが、それは実際に破産国家での取材を重ね、恐慌の歴史を研究し、本当にその分野に精通したプロに国内外問わず接触して築き上げたものである。当然、そこで得た対策のエッセンスは自分も実践している。こうした情報こそが、本当に有効な「活きた情報」と言えるのである。

ぜひとも読者の皆さんには、テレビ・新聞・雑誌・ネットといった「ありきたり」な情報から一歩抜け出し、「本当の情報」に触れる機会を増やしていただきたい。ハッキリ言って多少の出費も必要となるし、玉石混淆といった部分もあるかもしれないが、それらはすべて情報への「投資」、すなわち必要経費である。可能な限り、良質な情報を求めていただきたい。

心得③ 最後に当てになるのは「自分」と心得よ

平和な時代においては他者との協調や相互の信頼が重要だが、激動の時代をサバイバルするためには「他人を当てにする」考え方は決してしてはいけない。これからの時代にもっとも核心的な心得とは「最後に信じられるのは自分だけ」ということである。

ただ、これは何も「自分以外は誰も信じるな」という意味ではない。恐慌や国家破産の非常時にはいかなる相手であれ、生きるために手のひら返しや裏切りをする可能性がある。そうした可能性を念頭に置いて、限定的に相手を信用し、使えるものは使い、その一方で最悪裏切られてもなお自分が生き残れるよう算段を立てろということだ。

最大にして最重要の例を挙げよう。国家や金融機関といえば、現在では誰ももっとも高い信頼を置くものの一つかもしれない。しかし、有事になれば真っ先に手のひら返しするのは彼らである。全幅の信頼を寄せて大事な財産を銀行に預け、あるいは自分の人生を国にゆだねていれば、それはそれは非情かつ苛烈な裏切りに遭うこと請け合いである。気鋭の財政学者である小黒一正法政大学教授は、国家破産などの非常時に「国家は暴力装置と化す」と喝破したが、まさにそのことだ。また、第二次世界大戦後の預金封鎖、財産税を経験した人や、昭和恐慌で銀行の取り付けを経験した人々は、国や銀行は信用ならないと断言する。彼らは身に染みてその言葉の意味を知っているのだ。

それは、国や銀行に限った話ではない。業者に預けている金《きん》（ゴールド）や宝石、業者任せの不動産など、おおよそ他人任せにしている資産は非常時に

「なくなってしまう」こともある点に最大の注意を払うべきだ。

また、これと関連する話だが、何を決断するにも他人に意見を求め、それを鵜呑みにしてしまう「他人頼み」の人がいるが、これもいただけない。もちろん、誰かに意見を求めること自体は悪くない。しかし、それを鵜呑みにした結果が思っていた通りにならなくとも、それは鵜呑みにした人の責任である。

あくまでも最終的な判断は自分にしか下せないし、それによって生じた結果を自分が受け入れるしかないわけで、そういう意味でも最後に当てにできるのは自分だけなのである。もし自分で自分を頼れないなら、それは自分の力量不足ということだ。そのことを素直に認め、自分の判断能力を鍛える経験を積んで行くしかない。

心得④　歴史に学べ

恐慌や国家破産といった非常時に、いかに状況を読み判断を下して行くかは非常に難しい面がある。何しろ、私たちのほとんどはそうした「ドサクサ」の経験が少ない。したがって、自分の中に参考となるものが乏しいのだ。

しかしそれほど心配することはない。私たちに経験がなくとも、過去にそのような過酷な状況を生き抜くという経験をした人たちはたくさんいる。歴史の中には現代にも通用する生きた経験、鋭い状況把握、優れた判断といった例がそれこそ宝の山のごとく存在するのだ。

実は、人間の営みの本質的な部分というものは、数千年の時を経ても驚くほどに変化していない。つまり、危機的状況に何が起き、人がどう反応し、その結果どう対処した者が生き抜いたのか、という核心的な事柄は、歴史に学ぶことがそのまま生きた知恵に直結するのである。これを使わない手はない。

では、歴史のどこから手を付ければよいのだろうか。中学一年生のように、縄文時代まで遡って……などという必要はない。あるいは、学術的に完全に正確であるかもあまり過敏になる必要はない。たとえば、有事にあたっての心構えや考え方を学ぶには、幕末や戦国時代の乱世を参考にするのがよいだろう。

激動の時代をたくましく生きるための知恵や勇気を与えてくれる。

また、恐慌や国家破産といった経済災害によって何が起き、どう生き抜けばよいかを知るには、一九二九年の世界恐慌や一八世紀以降の封建制が崩壊して行く欧州なども参考になる。ローマ帝国滅亡までの歴史や、中国の王朝変遷の歴史にも様々なヒントは転がっている。

重要なことは、単に出来事をなぞるような義務教育的な学び方ではなく、その中で有名無名の人々がどんな目に遭い、どんなことを考え、どう行動したのかを知るということだ。そうすると、実に様々な人たちの膨大な経験を味方にすることができるのだ。ぜひとも書店の歴史コーナーに足を運び、気になる一冊を手に取ることから始めていただきたい。

心得⑤　同志を得よ

人間は、人とのつながりなしでは生きて行くことがままならない「社会的生物」だ。お互いを認め、信頼しあって協力することこそが不可欠であり、また人とのきずなこそが人生の非常に大きな部分と言ってもよい。

ただ、これから激動の時代を生き抜くにあたっては、知人や隣人など無意識に形成される人間関係とは別に、「非常時モードを生き抜く」という目的に適した人たちとの接点を意識的に持つべきである。心得②で有益な情報を得るために良い人脈が必要であることに触れたが、恐慌対策や生き残り、お金に対する考え方に共鳴できる同志は、そうした情報を得るための有効な窓口になり得る。

したがって、家を出て積極的にそうした同志たち、あるいは同志が集まるコミュニティに参加するべきだ。「類は友を呼ぶ」の通り、たとえば健康志向が強い人たちに囲まれればおのずと自分も健康への意識が高まるし、そうした情報も得やすくなる。逆に、競馬場やパチンコ屋で知り合いを増やせば、自分に身に付いた散財癖もあまり気にならなくなってしまう。つまり、人は所属するコミュニティによって影響を受け、考え方や生き方が変わるのである。目的に合ったコミュニティを選べば、望む結果が得やすくなるのが道理なのだ。

だから、もしあなたが金持ちになりたかったら、一人であれこれ金儲けの算段を考えるより金持ちと仲良くするのが一番の近道であるし、起業家になりたければ同じ起業家志望、あるいはすでに起業している人たちの輪に飛び込むのがよい。同じことは恐慌対策や国家破産対策にも当てはまる。資産防衛の意識が高い人たちに囲まれる時間を増やせば、おのずといろいろな情報も入ってくるし、不安ごとを相談することも容易になる。

こうした明確な目的意識を持ったコミュニティへの参加は、ぜひとも行なっていただきたいことである。なぜなら、コミュニティにはそれぞれ特異性があるためだ。わかりやすく言うと、恐慌対策やあるいは国家破産という特殊な有事は、誰でも容易に同じ危機意識を共有できるわけではない。大多数の人々は、そんな物騒なことは想像すらつかないし、当然危機意識も低い。そして、そうしたことを話したり、危機意識が高い人は奇異の目で見られることになる。中には真っ向から否定するような反応も受けるだろう。そうした状況に居続ければ、やがて自分の危機意識も磨滅させてしまうことになる。

そうならないためにも、日常の人間関係とは別に危機対策の意識を共有できる場や共に話し合える相手を確保することが極めて重要となるのだ。私が主宰する各種講演会や会員制組織は、まさにそういう意味で「同志」の集まりであるから、ぜひとも活用していただきたいし、他にもそうした場があればどんどん参加して人とのつながりを深めていただきたい。

心得⑥　財産は「守り」と「攻め」を保全の両輪とせよ

ここまでは非常時モードでの考え方や重視すべきこと、人間関係についての心得を紹介してきたが、ここからはあなたが具体的に資産防衛をするにあたっての今少し具体的な行動指針とも言うべき事柄に移る。

「資産防衛」という話をする場合、「いかにして資産を減らさないようにするか」という守りの対策を想定することが多いが、実はこうした考えでは資産防衛は道半ば、つまり半分だけ対策できたという程度のものになる。

なぜか。少し考えてみればわかることだが、守りの対策というものは「減らさない」ことが主眼である。つまり、資産が殖えることはあまり期待できないものが多い。金融の世界では、利益が期待できる方法ほど損失の危険も伴い、逆に損失がほとんど出ない方法は利益も上がらないというのが定石であり、その定石に照らして資産「防衛」に使う方法は、多くが「恐慌ですらあまり浮き沈みしないもの」となる。

そうした方法に複数分散し財産を守る（当然だが一点張りはやってはいけない）わけだが、どんなに周到に準備をしたとしても分散した資産の「すべて」が一〇〇％守れるわけではない。もちろん、中には運の良い人もいて、たまたま講じた対策すべてがうまくいく場合もあるだろうが、それは結果論である。

対策を打つ時に「自分は運が良いから大丈夫」などと考えていては、まず間違いなく手痛い失敗をする。つまり、どんなに周到な対策をしていても、守りの対策だけでは「資産は減る」ということだ。サッカーやバスケットボールにたとえるならば、守備を固めて一点も取らせないという手合いの話だが、普通に考えてそんなことはまずできないし、もし命がけの努力で奇跡的に守り切っても単に「負けなかった」だけということになる。

そこで必要になるのが、「攻め」の資産運用だ。金融の世界で「攻める」ということは利益を期待できる反面で損失も覚悟するという意味だが、どうせガチガチに守っていても損失する可能性があるのであれば、能動的に「損失する範囲」を決め、金融の定石に従って「損失の可能性があるが利益の期待もあるもの」への投資を行なった方が断然良いということだ。

こうした方法はいわゆる「積極投資」の範疇《はんちゅう》となるが、そうなるとやはりそれなりの知識と経験がどうしても必要になる。さらに、恐慌時の市場の動き方についての見通しもある程度持っておかなければいけないため、一朝一夕にやれるものではない。

そこで、平時である今のうちから少しずつ経験を積み、いざ有事という時に攻めに転じられる準備を進めておくことが重要だ。恐慌時にはモノの値段が下がりお金の価値が上がる傾向が顕著に出るため、たとえば現物株式などはほとんど使い物にならないが、中には恐慌相場が大チャンスになる投資法もある。そうした方法を習熟して行くことが、これからの時代には極めて有効だろう。

ただ、読者の皆さんの中には「積極投資は苦手」という方もいるかもしれない。確かに向き不向きというものはあるが、私はとりあえず経験もしないで毛嫌いをするのは非常にもったいないことだと思う。ルールや勘所を正しく理解し節度を持って取り組めば、どんな投資であれ致命傷になることはまずない。

恐慌時代には、「攻め」と「守り」の両建て運用こそが大きな力になるわけだから、ぜひとも果敢に挑戦していただくことをお勧めする。

心得⑦ 他者に先んじて行動せよ

私は、毎年十数回ほどの講演会を開催している。その中では、最新の経済トレンド情報の他にも具体的な恐慌対策・国家破産対策を説明しているが、対策を実践するにあたって来場者の方には必ずと言ってよいほど言っていることがある。それは、「この世はすべて早い者勝ち」ということだ。

恐慌や国家破産といった激動期を生き抜き、資産を守り抜くことは容易なことではなく、限られた人たちしか成功しない。さらに、有事を逆手に資産を倍増する人となると、その少数の中でも本当にごく一握りの人たちになる。

なぜそうなるかといえば、大多数の国民が有事に本当に必要な資産防衛法や資産運用法を知らないからだが、もう一つ理由がある。そうした方法のいくつかを「知っていてもやら（やれ）なかった」からだ。

恐慌でも通用する資産防衛策や、さらに資産倍増策というものは、全員がやったから成功するといったものではなく、先んじて取り組んだ人しかその恩恵にあずかれないのだ。要は、椅子取りゲームのようなもので、全員分の椅子はないから、とにかく早く行動したもの勝ちということだ。

しかしながら、なんでもよいから闇雲に行動すればよいというものではない。恐慌の本質をきちんと把握し、自分が実行しうる現実的な対策を考えて行動しなければ、望む成果を得ることは到底おぼつかない。

ただ、恐慌を把握すると一言で言っても、そう簡単なことではない。なにしろ「想定外」が起きるのが恐慌の恐ろしさであり、特徴であるからだ。一つふたつの対策だけでは不十分という可能性も大いにある。したがって、悲観的な視点であらゆる最悪の事態を想定し、それにも耐えうる対策案をいくつも検討することが重要だ。

ここで徹底的に検討しておけば、恐慌に対する「得体の知れない恐怖」をある程度払しょくできる。後はその対策を実行しさえすればよいのだから、迅速に、そして楽観的に取り組むことができるだろう。

ここまでくれば、不思議なことに人は腹が据わる。恐慌のような有事でも気持ちの揺らぎが減り、日々の生活でも笑顔を保つことができるようになる。「笑う門には福来る」で、明るい顔をしていればおのずと激動の時代も笑って乗り切れるものだ。

物はとらえようで、こんな激動の時代を経験できるのはめったにないことだ。しっかりと万全の対策を施し、後は笑って生き抜こう。

心得⑧　勝負所に備えよ

心得⑥で、「攻め」と「守り」の運用の重要性を説いたが、こうした対策をきちんと進めて行くと、自身の資産に対する意識が高まり、また社会情勢や経済動向の変化にも敏感になって行く。そして、ある程度資産防衛意識が身に付いたところで陥りがちなのが、自分の資産構成にとにかくやたら手を入れたがる、というものだ。

私は、資産運用のための会員制助言クラブをいくつか運営しているが、会員の方でこうした人をたまにお見掛けする。たとえば海外資産を保有し、国内でも複数の投資先に資産を分散してある程度対策の形が決まったというのに、その後のちょっとした経済動向の変化で「私の持っている○○は目減りしないだろうか」「今は大きな利益を取れるチャンスだろうか」と気掛かりになり、保有資産を売却したり追加投資したりしようとするといった具合だ。

ハッキリ言って、そうやってしょっちゅう資産を動かしてしまうと、たいていロクなことにならない。あらゆる資産運用には手数料がかかり、それによって少しずつでも資産は目減りする。特に「守り」の資産はそういう傾向が強まるため、一度形を決めたらむやみに手を入れない方がよい。守りの資産の場合、本当に手を入れるべきは「損失が一方的に拡大する可能性が高い」と判断される時だけである。あまり利が乗らないからと次々に別の資産に乗り換えて行くのは、最悪の手であると心得たい。

また、攻めの運用を行なう場合はさらに要注意だ。投資に習熟してくるとちょっとした市場の動きで利ざやを狙いたくなったり、多少大きな損失も「また取り返せる」などと気が大きくなったりする。これでは、恐慌時に到来する大きなチャンスまでに元手が尽きてしまい、勝負ができなくなってしまう。

「守り」「攻め」いずれの運用法にせよ、機が熟すまではいつまでも待つ、という心持ちで備えていただきたい。一方で、もし、いよいよ好機が到来した時は、ためらわずに一気呵成に勝負に出ることが何より重要だ。

心得⑨　果たすべき志を持て

人間が生きる上でもっとも大切なものは何だろうか。お金だろうか、あるいは食糧か。もちろん、カネやモノが大事なことは言うまでもないことだが、人間が極限状態を生き残る上でもっとも大切なものは、「なんとしても生きる」という意志である。その意志を貫くにおいて不可欠なものが、「自分は何のために生きるのか」ということだろう。

この人生の軸、志がしっかりとしていなければ、恐慌や国家破産の極限状態で心が折れかかっている時、自分で自分を支えることはできない。

心得①で、後藤新平が残した言葉を紹介したが、私はこの言葉に深く感銘を受け、これを実践することこそが自分のなすべきことと位置付けている。つまり、「人を残して死ぬ者は上なり」ということで、これからの日本を担う若い人材を残す一助を担って行くつもりだ。

そのため、次の世代を担う子供たちや若者たちが安心して生き生きと育つことができる環境を作って行くことがまずは重要と考え、それを実現するため、様々な人脈を築き、また資金調達の交渉も行ない、私財もつぎ込んで「ＣｈｅＦｕＫｏ」（チェフコ）という組織を立ち上げている。チェルノブイリ原発事故の影響にいまだ苦しむウクライナ、東日本大震災による原発事故で困難な生活を送る福島、大地震によって首都でも大打撃を受けたネパールの厳しい環境にいる子供たちを支える活動を、有志のボランティアにも支えてもらいながら進めている。

他にも、かつての新聞社時代の経験から、この国に真のジャーナリズムを打ち立てたいと考えている。既得権益や短期的な便益などに惑わされず、本当に国家と国民の長期的な繁栄と幸福に資する重要なことを発信して行く言論機関を日本に作ることを画策している。この志は一朝一夕で実現できるものではなく、また多くの専門家や有識者の協力も必要となるが、何年かかっても、またどのような困難があっても死ぬまでにこれを果たしたいと考え、日々の仕事の中でも意識的に取り組むようにしている。

こうした「生きる目的」は、何も私が志しているような社会的に影響をおよぼすことでなくてもよい。家族の幸せと一家の繁栄のために力を尽くす、あるいは自分の会社や事業を未来につなぐ、人々を喜ばせるような良いものを作り続ける、といったものももちろん立派な志である。

あなたが没頭し、誰かの幸福に資《し》することができるものを打ち立て、それに向けて「生きる」という覚悟を持った時、あなたは激動の時代を生き抜く強力な武器を心の中に持つことだろう。

心得⑩　健康こそを宝とせよ

ここまでで九つの心得を紹介してきたが、最後にこれら心得の土台となる最重要の心得について触れておきたい。それは「何はなくとも健康こそが最大の宝」ということだ。健康を失えば、他にどれほど莫大な資産を作ろうが、いかに優れた人脈を作り良質な情報を得ようが、もはやそれらを活かすことはかなわないからだ。あなたが健康であってはじめて、すべての物事が活かされるということを、とにかくしっかりと心に刻んでいただきたい。

といっても、現在病気を持っていない人にとっては、健康を強く意識することは難しいかもしれない。「医者の不養生」とはよく言ったものだが、健康の専門家であるはずの医者ですら、往々にして自分の健康をないがしろにするくらいである。まして、医学の心得がない私たちなどなおさらである。

そこで、私は健康づくりを「カタチ」から入ることを強くお勧めする。具体的には、健康を投資ととらえてある程度の出費を意識的に行なうというものだ。

たとえば食事に使う材料を良質で安心なものに変えるとか、食べるものは添加物が入っていないものをなるべく選ぶといったことだ。あるいは、飲み水にこだわる、良質なサプリを定期購入する、夏でも体を冷やさない工夫をするといったことも非常に良いだろう。早寝早起きし、体を動かすといったことも重要だ。いずれにしても、自分が続けられる範囲のものをコツコツ継続するということだ。

ここで挙げたようなことは、当然ながら私も実践している。というよりも、私は知る人ぞ知る「健康オタク」である。体を冷やさないことに関しても、毎日二時間の温熱療法を受け、夏場でも冷房の効いた部屋には携帯カイロやひざ掛けを置き、ホテルやレストランでもミネラルウォーターには氷を入れず「常温」で出してもらうなど、とにかく徹底している。

当然、口に入れるものは高品質で汚染がないものを厳選している。食事は言うにおよばず、サプリメントや飲料水も厳選した品質のもので、海外の最高品質のものを直接買い付けたり、個人的に輸入したりもしている。中にはわざわざ業者に頼んで作ってもらっているものすらある。

天下統一の偉業をなした徳川家康は、生粋の「健康オタク」だったという。彼も自分専用のサプリメントを自分で調合し、薬研で擦《す》って服用したそうだ。私もその家康にならって、自分の健康は自己管理を徹底しているのだ。

さて、「日本人の二人に一人はがんで死ぬ」と言われるほど、がんのリスクは特に日本人にとっては大きなものだが、私はもう一つみなさんにぜひ気を付けていただきたいと考える病気がある。それは「認知症」だ。

私は講演会などの席上で、「これからの時代、ボケたら終わりですよ！」と冗談めかして話すが、本心では決して冗談ではない。がんなどの場合、最悪発症しても財産の判断などはできるが、認知症でボケたら判断能力が失われて行き、もう恐慌対策や国家破産対策、資産防衛どころではなくなるからだ。

たとえば大切な財産をどこかに隠したとして、自分がボケてしまったらもうその財産は「なかった」ことと一緒になるのだ。対策が無になるどころか、財産すら無になるのである。そうならないため、脳に良いとされるものにはことさら投資を行なった方がよい。

なお余談だが、最近の研究ではボケやすい生活、ボケやすい性格というものがあるらしいことがわかってきている。仕事一筋から定年退職し、社会と接点を失った男性など、あっと言う間に老け込んでボケやすくなったりするという。また、年を取ってからの昼夜逆転生活はボケやすい、という研究もあるそうだ。

そうした最新の情報の中にはニセの情報もあるが、幅広く情報収集をして積極的に対策を図って行くことが重要だ。

一度失ってしまうと取り返しがつかないのが健康である。「自分は大丈夫」と過信せず、資産と同様にしっかり対策していただきたい。

恐慌時にやってはいけないこともある

「恐慌時代の資産防衛に必要な一〇の心得」を見てきたが、ここからは「恐慌時代にやってはいけない、四つの『べからず』」を紹介して行こう。これらも一〇の心得に次いで重要なことであるから、対策の一環としてぜひとも取り入れていただきたい。

①資産をあいまいな状態にするべからず

命の次に大切な資産を守るという大事な話であるのに、自分がどんな資産をいくら持っているかをきちんと把握していない人がいる。正直、私にとっては驚くべきことなのだが、存外にそういう人は多いのだ。そういう人をたとえるならば、泊りがけで登山をする、あるいはキャンプでもよいのだが、その時に自分に必要な持ち物や食糧、水などが荷物に入っているかを確認しないような話である。そういう人には、何らかのアクシデントが当然降りかかるし、最悪の場合、命を落とすような事態にもなりかねない。

自分の資産を守りたいというならば、どんな資産をどれだけ持っているかを把握するのは当然のことと考え、日頃からしっかりと棚卸をしよう。その時気を付けるのは、大雑把過ぎず、細か過ぎないことだ。大雑把だと対策をしてもブレが大きくなりやすく、また細か過ぎれば把握が面倒で管理の習慣も身に付かず、また対策による変化も逐一フォローする面倒が出てくる。

目安として、総資産が一〇〇〇万円未満なら一万円単位で、一〇〇〇万円を超える場合は一〇万円単位で資産の棚卸を行なうのがよいだろう。

当然、借金がある人は合わせて把握すべきである。これらの資産を一枚のリストにまとめ、しっかりと頭に叩き込み、リスク要因をじっくりと吟味することだ。それが資産防衛の出発点であり、また対策の評価と見直しを図る上で重要な指針となる。

②仕事を失うべからず

恐慌が到来すれば、景気は一気に冷え込み不況となる。すると必然的に増えるのが失業や倒産だ。そして一度失業や倒産をしてしまうと、恐慌そしてその後に到来する国家破産という時代には、ふたたび就職したり起業したりするのは至難の業となる。

したがって、これからの時代はなんとしてでも失業や倒産をしないためにあらゆる努力を行なうべきだ。日頃の勤務態度から仕事の業績、タテヨコの人間関係に至るまで、いかに良好な状況を作り、維持するかに注力したい。

また、恐慌時と国家破産時では需要が増える仕事とそうでない仕事がある。そこをしっかりと見極め、来たるべき激動の時代にも仕事が取れるようにしておくこともぜひ考えておきたい点だ。

近年ではインターネットを活用したビジネスが隆盛となっており、個人で特別な資格がなくともすぐに始められるものもある。そうした情報を常にチェックし、小さな副業を作っておくとさらに良い。

また、すでに仕事を定年退職して年金生活を始めている人も、少なくてよいから仕事をして収入を得ることは考えた方がよい。日本の年金制度は、政府が「一〇〇年安心」などと喧伝するのとは裏腹に、実態は「風前の灯」というべき状況にある。今後は支給額がどんどん減って行くことが想定される中、蓄えのみでしのぎ切ることを考えるのはかなり厳しくなってくるだろう。

さらに、ここに恐慌そして国家破産という事態が到来すれば、年金支給の減額加速だけでなく、自身の老後資産の目減りという事態にもなりかねない。

年金受給者にとっては、あまり多くの収入を得てしまうと年金が受け取れなくなるという問題があるが、もしそれでも仕事をする方が収入が多く、また体力的・精神的にも健康な状態で仕事ができそうであれば、ぜひそうした仕事には積極的に取り組んだ方がよい。人間は、やはりやるべきことがあってそれが人の役に立つというのが一番生活に張りが出てよい。「楽隠居」などというものはその気になればすぐにできるわけで、気力・体力が続く限りはなるべく人のためになるよう自分の時間を使うのがよい。

③犯罪への用心を怠るべからず

恐慌や国家破産で失業や倒産が増えると、社会全体の雰囲気もどんどん暗いものとなる。町には貧困に苦しみ、また社会への不満を溜め込んだ人たちが溢れ、犯罪が増加して行く。そして、ある時その状況が臨界点に達すると、さらに暴動やデモといった集団的な破壊行為にまで発展することになる。

近年国家破産状態となったベネズエラでは、数年前からこうした状況が顕著になっており、現在では外国人が不用意に渡航することすらできない深刻な治安悪化に見舞われている。私は、ベネズエラでかつて暮らしていた日本人から詳しく話を聞いたことがあるが、数十年前には彼らも豊かな暮らしを謳歌していたという。となれば、日本がいずれ国家破産すればベネズエラと同様な治安状況になるだろうことは、火を見るより明らかだ。

こうした治安悪化は、ある日突然起きるものではない。明るく安全だった日常にジワジワとその兆しが忍び寄り、気が付くと劣悪な状況になって行くのである。電車での職員への暴行沙汰や自動車のあおり運転、幼児虐待といった社会事件も、まさにそういった日本人の国民性劣化＝治安悪化の流れと見て取れるだろう。となれば、やがてスリや空き巣、果ては押し入り強盗や通り魔などが頻発し、あなたが巻き込まれるという事態に発展しないとも限らない。

そうなった時の備えを、今から真剣に検討すべきだろう。具体的には、犯罪で財産を取られないようにする方策と、もう一つは命を取られないようにする方策の両面を検討することだ。

まず「財産の防衛」だが、自宅に現金や現物資産などを保管する場合、空き巣や押し入り強盗に備えて金庫を設置するのがよい。ただ、手提げ金庫や比較的軽量な耐火金庫などはやめた方がよい。「ここに財産があります」と言っているようなものであり、またこうしたものは容易に持ち出したりこじ開けたりできる。その筋のプロならものの一分もあればこじ開け、あるいは持ち出せるだろう。重量が重く、防盗性能が高い「防盗金庫」の設置が望ましいが、かなり金額が張るためしまっておく資産の額などに応じて検討するのがよいだろう。

また、自宅の要塞化も重要だ。防犯警備の設置、窓ガラスを防犯ガラス化する、番犬を飼うなどの対策を講じたい。

次に「命を守る方法」だが、これも心掛け次第で大分変わってくる。治安が悪いところや土地勘のないところに出かける場合には、衣服や装飾品などが目立ち過ぎないように気を付ける、防犯ベルを携帯する、スリや置き引きを意識し金品は取り出しづらいところに身に着けるといった「犯罪に遭わない」工夫はもちろんだが、万一、犯罪に出くわした場合に備えて、犯人に手渡すための少額の現金を常に身に着けておくことはぜひ心掛けていただきたい。

治安が劣悪な国では、「強盗者に対して抵抗しない」「少額のお金を渡す」「相手と目を合わせない」というのは常識である。下手に抵抗したり、「持ち金がない」と言ったり、相手を見てしまったりすると、簡単に殺す輩も多いのだ。私がアルゼンチンで取材した在亜邦人やベネズエラから逃亡したベネズエラ人は皆、こうした強盗犯罪に遭ったら「小金を渡してしまえ」と言っていた。私たち日本人の常識では考えにくいが、これは治安が悪い国ではいわば常識である。

現在の私たちの常識からもっともかけ離れた話、それがこの治安対策ではないだろうか。「まさか日本がそんな風には」とお考えの読者もいるだろうが、しっかりと意識を非常時モードに切り換え、危機意識を高めて対策を検討していただきたい。

④無理はするべからず

もう一点、「すべきでない」ことに触れておこう。それは「無理はしない」ということだ。あらゆることに言えることだが、こと資産防衛や運用の世界、恐慌や国家破産のサバイバルにおいては常に肝に銘じておくべきことである。

たとえば「攻め」の資産運用をする場合においては、巨大な経済トレンドの波によって、大きな収益機会が訪れることがある。この時、無理をして大きなポジションを取ってしまうと、読みが外れた時に「致命傷」というべき大きな損失を被ってしまう。「守り」の運用においても、資産を守ろうとするあまり生活を切り詰め過ぎたり、自分が扱いきれない運用方法を取り入れたり、自分の資産規模に不釣り合いな対策（たとえば、一〇〇〇万円分の現物資産を自宅保管するために五〇〇万円の金庫を買うなど）をするといったことは、常識的に考えても明らかに無理がある。

治安悪化対策でも、財産を守るあまり無理をして犯罪者に体を張ることは決して行なってはいけないことだ。少し考えればわかることなのだが、無理をして本来の目的を違えてしまうことは、実は明確な対策意識があればあるほどやってしまいがちなものである。いわゆる「目的と手段が入れ替わる＝本末転倒」というものだが、特に激動の時代においてはこれが思わぬ命取りになりかねないため、特に注意すべきである。自分にとって「無理はない」と感じたことであっても、今一度振り返って冷静に考え直す習慣を身に付けておきたい。

知っておくべきもう一つの重要なこと

ここでもう一つ、これからの激動の時代に押さえておくべきことを紹介したい。私は、「大恐慌」が訪れればほどなくして日本が「国家破産」になる可能性が極めて高いとみているが、実はこの二つの経済災害は、まったく性質が異なるのである。

「性質が異なる」ということは、打つべき対策もモノによってはまったく逆になることもあるということで、これから恐慌対策をする方には特に注意していただきたい重要な点なのだ。この違いを極めて簡潔に言うとこうだ。

恐慌　＝　お金（現金）の価値が高まる

国家破産　＝　お金（現金の価値）がなくなる（毀損する）

極めて乱暴な言い方だが、私たちが資産防衛を考える時はこれぐらい大まかなとらえ方でも十分に役立つ。この違いをもう少し別の、経済用語を使って言うとこうなる。

恐慌　＝　デフレ　⟷　国家破産　＝　インフレ

もちろん、恐慌局面で物価が上がるモノもありえるし、国家破産下でも値段が下がるものもあるのだが、大きな傾向として意識しておくとよいだろう。

今少し掘り下げると、こういうことだ。まず「恐慌」は、順調であった景気が突然急激に後退する現象である。株価の暴落、失業者の激増、滞貨（商品が売れずに倉庫に積み上がること）の増大、企業の倒産、銀行の取り付けなどが起き、経済活動が著しく低下して社会に大混乱をもたらすというものだ（拙書『二〇一七年の衝撃〈下〉』〈第二海援隊刊〉より）。

経済停滞によってモノも売れなくなり、リストラによって社会全体の労働対価（給料）も削減される。つまり、株価だけでなく物価も下落基調に陥るということだ。むろん、すべての物価が下がるのではなく、消費・流通量が減るというものもあるわけだが、総じてデフレ基調になるというわけだ。そしてこれをお金（マネー）の観点で見直すと、モノの値段の下落とはすなわちマネーの価値が上昇することを意味する。

一方、「国家破産」は簡単に言えば国が債務不履行になるということだ。民間企業や個人と同様、国も国債を発行して「借金」をしている。通常の国は国家の収支バランス（徴税などでの歳入と行政サービス提供による支出）をうまくとって借金返済を続けるため、国の信用が失墜することはない。

しかし何らかの理由で収支バランスが崩れ、借金返済が行き詰まると危険なことになる。借金返済の約束を少しでも破れば、「デフォルト」（債務不履行）国家となり信用が著しく毀損する。借金が継続できなくなるため、大胆な債務整理が必要になる。その主な方法は三つ、「借金の踏み倒し」「徳政令」「通貨の増発」である。

一つ目の「借金踏み倒し」は、これはそもそも「デフォルト」のことである。これが行なわれると、国債を保有している個人や企業は最悪の場合、破産や倒産に見舞われる。

現在、日本国債は日銀が大量に保有しており、もし日本国債が踏み倒される事態になれば、日銀もただではすまない。日銀は国債を買うために日本円（日銀券）を大量に発行している。つまり、日本円の発行はかなりの部分が事実上国債を裏付けとしており、実質的に表裏関係にあるということだ。国債の価値が下がることは、すなわち日本円の価値下落につながるということだ。

二つ目の「徳政令」とは、簡単に言えば増税である。それも平時の増税ではなく、国家財政を立て直すために積年の借金をチャラにするということなので、あらゆる方法が講じられる。敗戦後すぐの一九四六年に実施された預金封鎖と封鎖預金に対する最大九〇％の財産税は、まさに「徳政令」の典型だ。

この時は主だった暴動は起きなかったが、それは敗戦とGHQによる占領、そして物資不足という要因も大きかった。諸外国を見れば、こんな増税をやれば暴動の一つ二つは確実に起きるし、最悪は政府転覆（クーデター）などの社会混乱につながる。極めて危険な方法なのだ。

そうなってくると登場するのが三つ目の「通貨の増発」である。国家は「通貨発行権」という強力な権力を持っていて、何もないところから自由にお金を生み出すことができる。そこで、国債が返済できなくなった時には通貨を増発して返済すれば、問題はあっさり解決してしまうのである。しかしこれは、「通貨価値の下落」というとんでもない副作用をもたらすのである。

このように、国家破産に陥るとその国では様々な財政再建策が行なわれるが、その過程では「通貨の価値下落」という現象が間違いなく起きるのである。恐慌では物価に対して通貨の価値が上がり、国家破産では逆に通貨の価値が下がる……。この基本原理をきちんと押さえておかなければ、せっかく資産防衛対策を講じてもまったく意味がないどころか、逆効果になるということがおわかりいただけただろうか。

では、いよいよ次章から具体的な資産防衛、そして資産倍増のための方策を紹介して行く。本章で紹介した一〇の「心得」、四つの「べからず」、そして「恐慌と国家破産の違い」をしっかりと頭に叩き込み、それぞれの対策に真剣に取り組んでいただきたい。

第六章　財産保全の極意【守り】

悲観主義者はすべての好機の中に困難を見つけるが、
楽観主義者はすべての困難の中に好機を見出す　（ウィンストン・チャーチル）

情報に投資して大変動を乗り切る

恐慌のような大変動の時代には、とりわけ情報の重要度が増す。情報収集能力の差が、あなたの将来を大きく左右する。だから、まず第一にやるべきことは情報収集だ。「正確な情報」「本当の情報」を必死に集めることだ。ごく基本的な情報や知識であれば、新聞やテレビ、インターネットなどのニュースから得られる。

しかし、恐慌時の生き残りを目指すなら、さらに踏み込んだ情報が必要だ。そこで重要になるのが「情報に投資する」という姿勢だ。この姿勢の有無が生き残りを左右するのは間違いない。経済の動き、大局をとらえるのに役立つ新聞や雑誌、書籍を読み、重要と思われる部分は切り抜くなり、書き込むなりして頭に叩き込む。

さらに、講演会に参加したり会員制のクラブに入会して情報を得るのも有効だ。私も経済ジャーナリストとして全国各地で講演しているし、資産運用・資産保全を目的とする各種会員制クラブを主宰しているので、ぜひご参加いただきたい。もちろん、私の情報がすべてではないが、私はこれまで必要とあらば海外現地での直接取材もいとわず、恐慌や国家破産などがもたらす経済や社会の大変動について研究してきた。それを元に、危機への対策について書籍や各種レポート、講演会などで情報を発信している。

そういう意味で、すでに本書を手に取られているあなたは、恐慌時の生き残りに向けて大きな一歩を踏み出したと言えよう。

恐慌に限らず、経済が極端に変動する状況下においては、資産をどのような形で保有するかによって、その人の未来には信じられないほどの違いが生じる。やり方を間違えれば、どれほどの資産家であっても無一文同然にもなりうるし、適切な方法を取れば、資産の少ない人であっても一気に資産家へと上りつめることも可能だ。

恐慌が迫りくる中、私たちはどのように行動すれば大切な財産を守り、さらには殖やすことができるのだろうか？　本章では、まずは「守り」に重点を置き、財産を保全する極意をお伝えしよう。

とにかく、なるべく多くの現金を確保する！

恐慌時に財産を守る最大の鉄則は、「なるべく多くの現金を確保すること」だ。恐慌においては「モノよりカネ」が重要になる。恐慌とは深刻な不景気であり、モノが売れないから当然、物価は下落する。つまり、デフレということだ。物価（モノの価値）が下がるということは、逆にお金の価値は上がる。

たとえば、一万円の予算で買い物する場合、デフレ下ではより多くのモノを買うことができる。このあたりは長らくデフレに慣れた私たち日本人なら、実感としてよくわかるだろう。ましてや恐慌ともなれば、物価は大幅に下落するため、現金の価値はこの上なく高まる。だからデフレにしろ恐慌にしろ、お金さえ十分にあればまったく恐れるに足らない。むしろ、お金がある人にとっては欲しいものが何でもかんでも安く買えるデフレは天国とも言える。

デフレ下で多くの人々が苦しむのは、お金が足りなくなるからだ。サラリーマンは給料が減り、自営業者は売り上げや利益の落ち込みにより、所得が減るから生活が厳しくなる。ということは、サラリーマンなら給料を、自営業者なら売り上げや利益を維持できれば問題ない。

もちろん、このように所得を維持する努力は非常に大切だ。しかし、デフレの逆風下でそれを実現することは並大抵のことではない。世の中の大部分の人は所得が下がるわけで、所得を維持する努力のみでデフレを乗り切ろうと考えるのは、あまりにもリスキーだ。それが恐慌ともなれば、なおさらである。

そこで重要になるのが、あらかじめ十分な現金を確保しておくこと、つまり「貯蓄」である。すでに十分な財産がある人なら問題ない。後は、現金の割合を増やすだけだ。一方、十分な財産がない人はとにかく貯蓄を殖やす必要がある。「収入が少なくて、とても貯金などできない」という人も少なくないだろう。しかし、嘆いていても状況は改善しない。貯金をしないで将来、泣きを見るのは自分自身だ。「収入のうち、わずかでもいいから貯めよう」――そう言いたいところだが、恐慌はその程度の対応で乗り切れるほど甘くはない。

たとえば、貯蓄がまったくなく月給手取り一五万円で一人暮らしをしている人が、毎月一万円を貯めるというのは大変なことだ。ただ、この涙ぐましい努力を実行したとしても、やらないよりはマシではあるが焼け石に水と言わざるを得ない。貯蓄額は一年間で一二万円、五年後でも六〇万円にしかならない。五年以内に恐慌がきて給料が減り、最悪、失業でもしたらたちまち生活が立ち行かなくなる可能性が高い。

恐慌により収入が絶たれるリスクを考えると、最低でも一年間、できれば二年間以上の生活費を賄う貯蓄を準備しておくべきだ。標準的な四人家族なら、最低でも五〇〇万円、できれば一〇〇〇万円以上ということだ。もしもあなたが「月給手取り一五万円で一人暮らし」なら、最低でも一八〇万円、できれば三六〇万円以上ということになる。そう考えると、少なくとも毎月三万円は貯蓄したい。そうすれば五年後には一八〇万円の資産ができる。

「絶対、無理！」という声が聞こえてきそうだが、繰り返し言う。「将来、泣きを見るのは自分自身だ」。恐慌到来を考えた場合、「できない」と諦めることは自分の人生そのものを諦めることに直結しかねない。低収入の人がお金を貯めるというのは大変なことだ。ただ、低収入であってもかなりの資産を築いている人は少なくない。逆に高収入であっても、資産がない上に借金まで抱えている人もいる。要は、その人のやる気次第ということだ。

今すぐ、家計の改善に着手しよう。まずは生活費に無駄がないか、徹底的にチェックすることだ。「私は十分節約している」という人でも、大抵は節約の余地があるものだ。食費や日用品代、趣味・娯楽費などに大きな無駄があれば見直すべきだが、生活の質を落とし過ぎるのは考えものだ。最低限の趣味・娯楽費まで削ってしまえば、日々の生活が味気ないものになりかねないし、一六五ページの心得⑩で述べた通り、食費を削り過ぎれば何よりも大切な健康を損ないかねない。これらの費用についてすでに節約している人は、それ以上カットするべきではない。

生活費を減らすのにもっとも効果的なのは、「家賃」「光熱水道費」「通信費」といった「固定費の削減」だ。家賃であれば、長期にわたり入居している物件で、周辺の相場より割高だと考えられる場合は家主と家賃の減額交渉をすべきだ。交渉が上手く行けば、その後は何もせずとも毎月、支出が減る。あまりにも周辺相場と乖離《かいり》しているなら、家賃の安い物件に引っ越すのも手だ。

光熱水道費であれば、照明をLED電球に替えたり、あまりにも古い家電は買い替えるなど、より消費電力の少ないものにする方法がある。契約アンペア数を落としたり、契約する電力会社やガス会社を変更するのも選択肢だ。蛇口やシャワーヘッドに取り付ける節水グッズを試してみるのもよいだろう。

通信費なら、携帯電話の契約プランを見直したり大手キャリアから格安スマホに乗り換えることで節約が可能だ。使用頻度が少ないなら、固定電話の契約を解除するのも一考だ。利用状況にもよるが、WiFiルーターの契約を解除し、スマホのテザリング機能で代替すれば節約になる場合もある。

多くの家計にとって、負担が大きいのが「マイカーの所有」だ。たとえば、これまで五年ごとに三〇〇〇ＣＣの新車を買い替えていたなら、グレードを二〇〇〇ＣＣに落とし、買い替えサイクルを一〇年にすれば維持費を抑えることができるだろう。最近の日本車は故障が非常に少ないから、一〇年くらいはゆうにもつ。コストのみを考えれば、軽自動車に乗り換えるのも手だ。車両価格だけでなく、税金、保険料、整備費用、高速料金などあらゆるコストが普通車に比べ格段に安い。最近の軽自動車はかなり性能が良く、装備も充実しているものが多い。二、三人家族ならもっとも合理的な選択肢と言える。

ただし、大きな事故に遭った場合、大型車に比べ車両や乗員への打撃が大きくなりがちで、そのあたりのリスクは軽視すべきではない。

もしも、あなたが東京のような大都市に住んでいるなら、そもそも車を所有すること自体が無駄だ。電車の方が目的地に早く着ける場合が多いし、都心には数百メートルおきに地下鉄の駅がある。タクシーもどこでも拾うことができる。月極駐車場を契約すれば、月に数万円はかかる。コスト的にも時間的にも車は絶対に持たない方がよい。必要な時にはレンタカーやカーシェアリングを利用すればよい。車を手放すことができれば、家計は劇的に改善する。

貯金がほとんどないという人は、収入が少ないということもあるだろうが、そもそも貯金自体が苦手というか下手な場合が多い。そこで、やる気があってもなかなか貯金できないという人に、簡単な「コツ」をお伝えしよう。

一般に貯金というのは、「収入から支出を差し引いた残りを貯金する」というイメージがあるだろう。つまり、お金が余ったら貯金するというわけだ。しかし、これではなかなかお金は貯まらない。たいていの人は、収入がある分だけ使ってしまうものだからだ。ではどうするか？　毎月の収入のうち貯金額を決め、収入から貯金を差し引いた残りでやりくりすればよい。お金があるとつい使ってしまうという人は、毎月一定額を銀行口座から自動的に天引きする積立型の金融商品を利用すれば強制的に貯金できる。

とにかく、何が何でも生活費の一年分、できれば二年分のお金を早急に貯めることだ。それが、恐慌時に生き残れるかどうかの分かれ目になる。

貯めたお金をどのように持つか?

さて、生活費の一年分以上のお金が貯まったらどうするか? 当面は銀行に預けておけばよい。預入額が一〇〇〇万円以上ある場合は、信頼できる複数の銀行に分散しておくと安心だ。とりあえずは定期預金にしておけばよい。ただし、経済状況が悪化してきたら定期預金を解約して普通預金に移しておく方がよい。一部を銀行の貸金庫に入れるのも選択肢になる。何かコトが起きた時に、すぐに引き出せるようにするためだ。

そして、いよいよ世の中がおかしくなってきたら、資産の三分の一を信頼できる銀行の普通預金に預け、三分の一を貸金庫に入れ、三分の一を自宅の安全な場所に保管する。ポイントは「現金の形で流動性を維持すること」である。

恐慌のような有事の下では、資金を複数に分散しておくことがますます重要になる。銀行を信頼しきって全財産を一つの銀行に預けるのも危険だし、逆に銀行が危険だと思い込んで全財産をタンス預金にするのも問題だ。前者はその銀行が破綻した場合、あなたの資産が大幅に毀損する可能性があるし、後者は盗難や火災に遭えば全財産を失いかねない。分散し、なおかつ流動性を保つことが大切だ。

その上で、三分の一ずつ分散したそれぞれの資産の安全性をいかに高めるかが重要になる。まずは、預ける銀行の選択だ。マイナス圏にまで突入した異常な低金利、加速する少子高齢化などにより、現在の国内銀行は地銀を中心に極めて厳しい経営環境にある。日銀は、二〇二八年度には地銀の約六割が最終赤字になると試算している。そういう意味では、なるべく経営基盤のしっかりした大手銀行を選ぶのが望ましい。ただ、地銀よりは大分マシとは言え、大手銀行も厳しい状況には変わりはない。恐慌という事態になれば、地銀は言うにおよばず、大手銀行でさえ破綻の危機に陥りかねない。

そこで、次に重要になるのが、銀行に関する預金保護の仕組みを正しく理解し、それを利用することだ。現在、わが国には「預金保険制度」がある。銀行が破綻した場合でも、預入額一〇〇〇万円とその利息までは保護される。

そこで基本になるのが、一つの銀行への預入額を一〇〇〇万円以内に収めることだ。たとえば、銀行に預ける金額が二〇〇〇万円あるなら一〇〇〇万円ずつ二行に分散するのである。そうすれば、運悪く二行とも破綻したとしても基本的に預金が毀損することはない。ただし、この方法は資産規模が大きい人には向かない。仮に銀行に預ける額が一億円ある人の場合、一行当たりの預入額を一〇〇〇万円以内にするには一〇行に分ける必要がある。二億円であれば二〇行、三億円であれば三〇行である。数十行もの銀行口座を開設し、管理して行くのは現実的とは言えないだろう。

そこで、資産規模が大きい人にお勧めするのが「決済用預金」である。一般の個人に馴染みのある普通預金や定期預金については、前述の通り預入額一〇〇〇万円とその利息までしか保護されない。しかし、決済用預金なら全額保護されるのだ。

「決済用預金など聞いたことがない」という人も多いだろう。決済用預金とは、

「決済に使えること」「いつでも自由に引き出せること」「無利息であること」という三つの要件を満たす預金のことで、当座預金や利息の付かない普通預金が該当する。当座預金は主に法人向けであり、個人の場合は「利息の付かない普通預金」が選択肢になる。

「普通預金」と「利息の付かない普通預金」の大きな違いは、「利息の有無」だ。通常の普通預金は利息が付くが、利息の付かない普通預金は文字通り無利息だ。利息の付かない普通預金口座を新たに開設することもできるし、すでに開設している通常の普通預金口座を利息の付かない普通預金口座に切り替えることも可能だ。利息の付かない普通預金口座に切り替えた場合でも、使い勝手は通常の普通預金口座とほとんど変わらない。一般的には口座番号はそのまま引き継がれ、キャッシュカードによる取引も可能だし、公共料金などの口座振替、給与・年金などの自動受け取りサービスなども変わらず利用できる。

現在、大手都銀の普通預金の利息は年〇・〇〇一％である。一億円預けたとしても、一年間の利息はわずか一〇〇〇円（税引前）に過ぎない。そんなわずかな利息のために預金が毀損するリスクを負うなら、いっそのこと利息を放棄して、万が一の際の全額保護の安心を得る方が賢明だろう。銀行にもよるだろうが、利息の付かない普通預金口座への切り替えについては、それほど手間はかからないはずだ。

ちなみに利息の付かない普通預金口座は、各銀行により呼称が異なる。「決済用普通預金」「普通預金（無利息型）」など、様々な呼称がある。

金融危機の際、「預金保険制度」は心強い味方になるが、それでも制度を過信するのは禁物だ。金融危機は連鎖しやすい。一九九七年には、三洋証券、北海道拓殖銀行、山一證券などが次々に破綻した。次にくる恐慌で、たとえば数十行もの連鎖破綻が発生した場合、預金保険制度が一〇〇％機能する保証はない。「いくら何でも、数十行もの銀行が一時に破綻することなどないだろう」と思われるかもしれない。しかし、現在、国内の銀行は異常な超低金利により本業での収益が思うように上がらず、多くの銀行が少なからずリスクの高い投資や融資を手掛けている。そのような状況で金融危機に見舞われれば、複数の金融機関が連鎖的に経営危機に陥る可能性は十分ある。

実際、世界恐慌時のアメリカでは一九三〇年から一九三三年までの間に、九〇〇〇行を超える銀行が破綻しているのだ。

全額保護されるからといって、全財産を一つの銀行の決済用預金にする、というのは絶対にダメだ。たとえば、一億円を決済用預金にするのであれば、万が一に備え、少なくとも二行、できれば三行に分散しておくべきだろう。

銀行の貸金庫についても注意が必要だ。一般に銀行貸金庫の安全性は極めて高い。盗難はもちろん、地震などの災害にも強いし、銀行が破綻しても貸金庫の中身にはまったく影響しない。それでも、絶対視は禁物だ。ごく稀ではあるが、過去には銀行員による不正着服事件もある。また、ロシアでは預金封鎖が実施された際に、貸金庫の中身が没収されてしまった。

預金するにしろ貸金庫を利用するにしろ、財産を金融機関に預けるという行為は預け先の金融機関を信用しているからこそできることだ。有事の際に金融機関が信用できなくなれば、残る手段は「タンス預金」しかない。誰にとっても、自分自身よりも信用できる他人はいないだろう。その点で、自分の手元に現金を置いておくタンス預金は、もっとも安心できる財産の保管方法と言える。

しかし、タンス預金の場合は、盗難や火災に十分な注意を払う必要がある。特に恐慌ともなるとかなりの治安の悪化が予想されるため、セキュリティや頑丈な金庫を利用するなど、防犯には十分注意しよう。

金融商品の性質や、預金保険のような制度について理解を深め、上手く利用することは非常に大切だが、特に恐慌のような有事においては、それらを過信すると命取りになりかねない。「預金だから元本は毀損しないはずだ」とか「預金保険があるから一〇〇〇万円までは保護されるはずだ」などというのは原則論としてはまったくもって正しい。しかし、有事には何が起きるかわからない。想像を超える事態が起きうるのが有事なのだ。

「こんなはずではなかった」と後悔する前に、平時には起こり得ない「まさか」の事態も想定する必要がある。「〜のはずだ」「〜に違いない」といった思い込みの強い人は、恐慌時に生き残ることは難しいだろう。

なるべく借金をしない

すでに述べたように、恐慌を含めデフレ時には現金の価値が高まる。そのため、とにかく「現金」を持っている人が強い。逆に、借金を抱えている人は厳しい。特に高額の借金がある人は負担がより重くなる。ただでさえ現金が必要な時に、借金があるというのは相当なハンディである。

個人にとって高額の借金といえば、住宅ローンだろう。マイホームをキャッシュで買える人は、高所得者や資産家に限られる。多くの人は住宅ローンを組まなければマイホームを手に入れることはできない。そのため、働き盛りのサラリーマンが結婚して子供が成長する過程で住宅ローンを組んでマイホームを購入するのは、ある意味で〝常識〟だ。

しかし、これはよくよく慎重に考えるべきだ。今後もこの〝常識〟に則って生活すれば、多くの家計が破綻の憂き目に遭うだろう。

よく「住宅ローンは不動産投資とは違う。物件価格が下がっても自分で住むのだから関係ない」という人がいるが、大間違いである。住宅ローンは、借り手の収入が大きく減らないことと、物件価格が大きく下落しないことを前提に成り立つ融資だ。この二つの前提が崩れれば、悲惨な結末をもたらしかねない。

たとえば、比較的高年収のサラリーマンAさんが住宅ローンを組んで五〇〇〇万円の物件を買ったとする。頭金は一〇〇〇万円用意し、四〇〇〇万円を借りた。このまま年収が順調に増えて行けば、ローンの返済はまったく問題ないはずだった。ところが、運の悪いことに勤め先の会社の業績が悪化、倒産したためAさんは失業してしまった。再就職活動に苦戦する中、ようやく決まった会社では給料が前職の半分以下に激減してしまった。

この収入では住宅ローンを払い続けるのは困難と判断し、物件を売却しローンを完済した上で、賃貸に移ろうと考えた。住宅ローンの残金は三五〇〇万円。Aさんは「さすがに三五〇〇万円以上であれば、すぐに売れるだろう」と考えた。ところが、不況により不動産市況が冷え込む中、五〇〇〇万円の住宅の時価は二五〇〇万円になっていた。自宅を売っても二五〇〇万円にしかならず、一方で借金は三五〇〇万円残っている。ということは、Aさんは自宅を手放した上に、一〇〇〇万円の借金を背負うことになるわけだ。

バブル期にマイホームを買った人の中には、このような目に遭っている人がいくらでもいる。今後恐慌になれば、収入減、失業のリスクが高まるし、不動産価格が下落する可能性も高い。先の二つの前提は簡単に崩れるというわけだ。

Aさんの例を見てもわかるように、デフレ時には住宅ローンを組んでマイホームを手に入れるよりも、賃貸住宅に住んで家賃を支払う方がはるかにリスクが低い。それでも住宅ローンを組む場合は、物件価格の下落、収入の減少、失業の可能性といったリスクを十分考慮すべきである。

恐慌時の生き残りを目指すなら、自動車、家具、家電など耐久消費財をローンで買うのは論外だ。自動車も高額なため、マイカーローンも一般的には〝常識〟になっているが、自動車をローンで買う人は恐慌時に生き残るのはまず難しい。自動車は、自分の所得に応じてキャッシュで買うべきものだ。年式の古い中古車なら二〇万円もあれば買える。

モノを買う時はお金を貯めてから買うのが基本であり、借金をしてモノを買っているようではお金を貯められるはずがない。クレジットカードのキャッシング、銀行や消費者金融のカードローンなども論外だ。預金金利は限りなくゼロに近いのに、それらの金利は数%～十数%にもなる。

とにかく、お金の価値が高まるデフレ時の借金は、普段以上に重い負担になる。借金がある人は、苦しいだろうが一日でも早く返済し、なるべく多くのお金を貯めてほしい。

実物資産を持つ

実物資産も資産の一部に組み入れておく方がよい。実物資産とは、そのもの自体に価値がある資産のことで、金《きん》（ゴールド）やプラチナなどの貴金属、不動産などがある。つまり「モノ」だ。

いや、恐慌時に財産を守る鉄則は「モノよりカネ」ではなかったか？　そう思われた方もいるだろう。確かにその通りだ。それでも資産の一部を実物資産に換えておくことをお勧めする。もちろん実物資産であれば何でもよいわけではなく、やはり不動産などは基本的にお勧めできない。恐慌時に資産を守る上でお勧めする実物資産は、金《きん》とダイヤだ。

基本的に、デフレ下の金《きん》投資はお勧めできない。金《きん》もモノであり、単純に考えればデフレ時には値下がりしやすいからだ。しかし、金《きん》価格はデフレ局面で大きく上昇することもあり、「デフレだから金《きん》はダメ」とは単純に考えない方がよい。「有事の金《きん》」とも言われるように、金《きん》には混乱時に強いという性質がある。

恐慌に突入すれば、何が起こるかわからない。デフレ、恐慌時に現金の価値が高まるのは確かであるが、現金（日本銀行券）はいわゆるペーパー資産であり、日銀券自体には何の価値もない。一万円札という紙キレに誰もが一万円の価値を認めているのは、発行体である日銀に対する暗黙の信用があるからだ。

もし、その信用が失われる事態になれば、一万円札の価値は紙キレ同然にもなりうる。そのようなペーパー資産の価値低下のリスクヘッジになるのが、金《きん》やダイヤなどの実物資産なのである。

ダイヤについては、金《きん》と比べてもスプレッド（売買価格差）が非常に大きく、投資にはまったく不向きだ。しかし、ダイヤには金《きん》にはない魅力がある。最大の魅力は、その軽さだ。

恐慌時には社会が混乱し、治安が極度に悪化する。世界恐慌の時のように、恐慌がきっかけで大規模な戦争が勃発する可能性もゼロではない。場合によっては、手元の財産を持って避難しなければならなくなるかもしれない。

仮に一億円の財産を持ち出すとしよう。現金だとかなりの量だ。すべて一万円札で用意すると、一〇〇〇万円分の札束が約一〇センチメートルの厚さだから、一億円だと縦に積み上げると約一メートルの高さになる。ジュラルミンケース一個分の分量で重さは約一〇キログラムと、かなりの重さになる。金《きん》ではどうか？　金《きん》価格を一グラム＝五〇〇〇円とすると、一億円の金《きん》は二〇キログラムもの重さになる。いずれも長時間、手で持ち運ぶのは無理がある。一方、ダイヤなら、グレードにもよるが一億円分のダイヤでもせいぜい数十グラム程度の重さだ。これなら、長距離、長時間の移動でも楽にできる。

このようなメリットを考えると、ある程度資産規模の大きい人は金《きん》だけでなくダイヤも必ず保有しておきたい（ダイヤを有利な価格で購入する方法がありますので。詳しくは巻末の二六四ページをご覧ください）。

金《きん》とダイヤに共通する最大の魅力は、実物資産であるため基本的に無価値にならないという点にある。その魅力の一方で、両者には金利や配当などのお金を生まないという欠点もある。そのため、資産運用というよりもペーパー資産に対するリスクヘッジ、つまり「保険」として持つのが基本だ。保険であるから大量に持つ必要はない。金《きん》とダイヤ、それぞれを全資産の五～一〇％ずつ保有するとよいだろう。

実は日本において、日本円の価値が大きく低下するリスクが年々、高まっている。ご存じのように、わが国の財政悪化は深刻で、財政再建はほぼ不可能である。政府は毎年、大量の国債を発行して予算を組み、巨額の債務を積み上げている。政府債務残高はGDPの二三七%(「IMFデータベース」より)に相当し、世界最悪の水準だ。財政破綻、つまり国家破産は必至と言える。

国家が破産すると、その国の二つのペーパー資産が暴落する。一つは「国債」、もう一つは「通貨」である。破産した国では、政府と中央銀行の信用が失われ、その結果、両者が発行する国債と通貨の価値が暴落するのである。日本においては、「日本円と日本国債の価値が暴落する」ことになる。

日本円の暴落は、極端なインフレという形で現れる。物価つまりモノの価値が上がり、その分、現金の価値がどんどん下がる。国家破産はインフレ、つまり恐慌とは正反対の現象であり、多くの現金を持っていても資産はどんどん目減りして行く。今のところ、日本は経常収支が黒字で二〇一八年末時点で三四一兆円という世界最大の対外純資産を持っており、すぐに破綻する状況にはないが、現金の価値低下に対するリスクヘッジは行なっておくべきだ。

日本円の価値低下に対するリスクヘッジとしては、資産を米ドルをはじめとする外貨建てで保有するのがもっとも有効だ。現在、日本円は金融危機など、リスクオフ（リスク回避）局面に強い傾向があり、恐慌時には円高になる可能性が高い。その点で恐慌対策としては外貨建て資産は不利であり、あくまでも日本円の現金、預金が基本だ。しかし、恐慌が到来するリスクがある一方で財政リスクも高まる現状では、外貨建て資産も必ず保有しておくべきだ。

基本的に投資は控える

物価が下落するデフレ時には、株や不動産をはじめ多くの資産価格も下落する。それが恐慌ともなれば、株や不動産の暴落はまず避けられない。そのような状況で株や不動産を保有していたら、資産価値は大きく毀損《きそん》してしまう。当然、投資は控えるべきだ。

すでに株や不動産などを持っているなら、恐慌になる前に売却し、現金や預金にしておくのが賢明だ。恐慌の前には資産価格が高騰していることも多く、上手くすると思わぬ高値で売れる可能性もある。しかし、出遅れて恐慌に突入すると、状況は一変する。市場はもはや売り一色となり、信じられないほどの安値で売らざるを得なくなる。

特に不動産は流動性が低く、物件によっては買い手が付かず、売りたくても売れない状態になる可能性もあるから十分注意したい。ようやく買い手が見つかっても、足元を見られ買い叩かれる可能性が高い。それでも、やはり売却すべきだ。「いずれ上がるだろう」という甘い見通しで持ち続ければ、さらなる値下がりで損失が拡大、いよいよ再起不能に陥りかねない。

ちょっと投資に詳しい人なら、恐慌に乗じて儲けようと考える人もいるかもしれない。たとえば信用取引や先物取引、FX取引などでは、取引を「売り」から始めることもできる。「売り」から始めた場合、相場が下がれば儲かるわけだ。恐慌時には、現物も含め「買い」から始めた投資家が壊滅的な打撃を受けるわけだから、「売り」から取引すれば恐慌時に大儲けすることも可能だ。

しかし、これはよほど上手くやらないと大火傷を負いかねない。恐慌は価格が下落し続けるという単純なものではなく、相場は激しく乱高下するものだ。

「売り」から入ったとしても、読みを誤り相場が急反発すれば大損する可能性がある。市場のパニックにより、流動性が極端に下がり決済できなくなったり、取引所が閉鎖されることさえあり得る。市場の混乱時においては、自由に売買できる保証はないのだ。

また現物投資と異なり、これらの取引はレバレッジをかけることができる。少額で大きな取引ができるというメリットがある一方、実質的に借金をして売買するのと変わらない。やり方を間違えれば、簡単に全財産を失う。

恐慌時には投資を控え、現金を多く持つことが鉄則だ。この鉄則を踏まえ、資金に余裕のある人は、「守り」一辺倒ではなく、一部を「攻め」の運用に回すとよい。

実は、世界中の金融商品のごく一部ではあるが、恐慌時に起こりうる暴落相場でリスクを限定しながら収益を上げるノウハウがあるのだ。それについては次章で詳しく解説する。

第七章

ピンチをチャンスに変える
特別なノウハウ【攻め】

危険は、勇者の目には太陽のごとく光り輝く

（エウリピデス：紀元前四〇〇年代・古代アテナイのギリシア悲劇三大悲劇詩人の一人）

恐慌を歓迎するバフェット

一九二九年一〇月二四日、暗黒の木曜日からアメリカ市場は暴落し、それは世界に波及した。ニューヨークダウはピークから約一〇分の一になり、労働者の四人に一人が失業した。挙句の果てには、アメリカでは一時的に全銀行が閉鎖され、加えて金《きん》（ゴールド）が没収された。

このような非常事態に誰もが恐怖した世界大恐慌であるが、それに対して「親しみを覚える」と感想を述べる投資家がいる。かの有名なウォーレン・バフェットである。バフェット氏は、一九三〇年八月三〇日ネブラスカ州のオマハで生まれた。当時は世界大恐慌の真っただ中で、自分の生まれた時代のため、親しみを覚えると表現している。

ただ、バフェット氏の恐慌好きは、実はその理由だけではない。何らかの要因で株が急落すると、バフェット氏は嘆くよりも喜ぶ。株式全体が落ち込むような恐慌時は、まさにバフェット氏にとって大好物の相場である。

ここでバフェット氏の投資スタイルを改めて説明すると、現物株を買って値上がりを待つスタイルである。それにも関わらず、株が急落すると喜ぶのはなぜか？　その理由は、恐慌になると自分が狙っている優良な株を安く、そして大量に購入できるからである。

バフェット氏は実際にそのような恐慌相場を味方に付け、大成功を収めてきた。記憶に新しいところでは、二〇〇八年の金融危機である。誰もが「資本主義が崩壊する」と危ぶみ恐怖に慄《おのの》いている時に、バフェット氏は果敢に〝買い〟を行なったのである。資金繰りに窮していたバンク・オブ・アメリカやゼネラル・エレクトリック、ゴールドマン・サックスなど、特に金融系の誰もが知る会社の株や社債を、その求めに応じて買いまくったのだ。

その様子から市場はバフェット氏のことを〝最後の貸し手〟と呼んだが、なにも慈善事業を行なったわけではなく、しっかりと普段よりも高い配当利回りや社債利回りを受け取って大儲けしているのである。

このように、ピンチをチャンスに変える方法はあるのだ。バフェット氏が恐慌を歓迎するように、皆さんもしっかりその方法を身に付けて、今からくるであろう恐慌を歓迎してほしい。

「落ちてくるナイフをつかむな！」

この第七章でお伝えすることは、前の第六章で見たような財産保全に焦点を当てた方法ではない。せっかく起こるであろう大恐慌というチャンスを活かして、大儲けを狙うという攻めのスタイルである。しかも、その方法は一つではない。大きく三つこれからご紹介するので、ご自身に合った方法を選んでほしい。また、できる方は三つすべての方法に分散しておくのが望ましい。

一つ目に取り上げるのはバフェット流の恐慌対策である。すでに解説している通り、株が大きく下がった時にこそ、思い切って株を買う方法のことだ。ただ、これが存外難しい。まず株式が暴落している最中、周りが悲観的になって売り一色になっている時に、自分だけ違う方を向いて買い進められるかどうかだ。周りからは「あいつはどうかしている」「馬鹿だ、愚かだ」と罵られるに違いない。かなり精神が強くなければできない行動である。

しかも、仮にそれができる精神力を持っていたとしても、問題が残る。それは、一体どこから買い進めればよいのかという、タイミングを見極めるのが難しい。結局、大底は後からわかるのであって、相場が動いている最中はどこが大底なのかははっきりわからないのである。大底と思って飛びついたところからさらに大きく下がって痛手を負うことも、決して珍しくない。

相場に〝落ちてくるナイフをつかむな〟という格言があるが、相場が本格的に崩れている時に早目に買い進めるのは、まるで落ちてくるナイフをつかむような行為で、痛手を負ってしまう可能性が高い。

ではどうするかと言えば、この相場の格言には「大底を打ったのを見極めてから拾うべき」と解説されていたりする。危険なナイフが地面に落ちて刺さってから、きちんと柄の部分をつかんで拾いあげるのが良策というわけだ。これならば、ナイフでケガをすることはない。

ただ、果たして本当にそれで正しいのだろうか。実はこれも考えものである。相場は反転すると意外と早く回復してしまったりする。ナイフが落ちて刺さったのを確認して、つまり大底をじっくり見極めているうちに相場が回復してしまうことが考えられるのだ。だから、相場の大底を人よりも早く見極めて、ナイフが地面に刺さったら他の人よりもなるべく早く拾うことが必須である。

これはかなり難易度が高い。よっぽど投資に精通している方でなければ、まず無理だろう。ではどうするのか。まず事前準備をしっかりしておくことだ。過去の相場でどれぐらい下がったことがあるのかを研究したり、今回の下げがどういった要因から発生したものでどれくらい下がりそうかなどを分析したりしておくわけだ。それをちゃんとしておくと、実はナイフが落ちて刺さった一瞬を狙う必要がなくなる。矛盾するようだが、そろそろ下げ止まりそうなところをナイフが地面に刺さりそうなまだ落ちている中で、あえてつかむのである。

その後、相場が下がれば当然マイナスを出すわけだが、分析がしっかりできていればそこからの損失はたかが知れている。また大底が大体わかっていれば、少しタイミングを外しても反転後、間髪空けずに買うこともできるだろう。

二〇〇八年の金融危機の時の先進国の株式指数（ニューヨークダウなど）の動きを例に挙げてみよう。

先進国の株は、二〇〇八年の春から夏にかけて一旦ピークを付けている。その株価を一〇〇％とした時、そこから暴落し約九ヵ月後の二〇〇九年三月初旬に大底を付けた時の株価は大体五〇％になっていた。なんと半分である。そして、それを大底に今度は半年ほどかけて七五～八〇％ほどに回復している。一番大底で買うことができれば、五〇％が七五～八〇％になったわけだから、半年の短期で一・五倍～一・六倍にもなったことになる。

ただし、それはわずか数日の、ピンポイントのタイミングで買うことができればの話だ。もちろんそのあたりを狙いながら買うわけだが、先ほどの話でもっとその前後を拡大しても構わない。二〇〇九年二月～三月の二ヵ月の間に買うことができれば六〇％以下で買うことができており、その場合でも一・二

2008年の金融危機の際のNYダウ推移

2008年5月2日を100%として表示

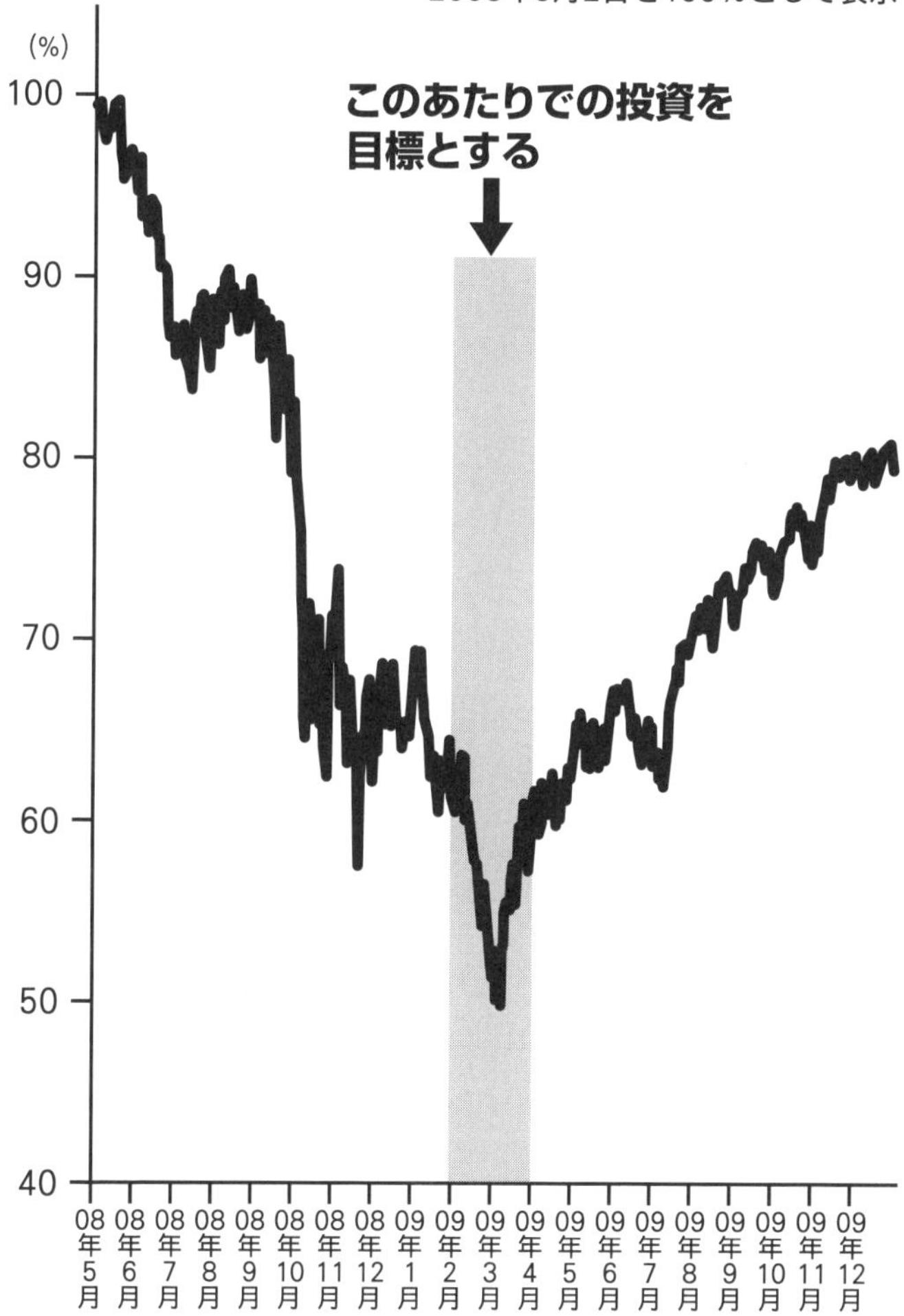

五倍〜一・三三倍以上にもなったのだ。半年でそれだけ殖やすことができれば、これでも大成功である。

今度、恐慌がやってきて株が大きく下がった時は、まさにこれを行なうチャンスである。事前準備をきちんと行ない、いざその時がきたら誰が反対しようが断固として実行する。これであなたもオマハの賢人・バフェット気取りである。

ここまでの解説で「タイミングが難しそうだ」「自分には無理だ」と諦めてしまうのはもったいない。せっかくチャンスがあるわけだから、それを自分のものにするための努力はした方がよいだろう。事前準備で必要な情報や分析をどこか他から入手してもよいのだ。

第二海援隊グループでは、暴落時の特別情報などを伝える経済トレンドレポートや長年市場を分析しながら投資の助言を行なってきた会員制組織を運営しているので、場合によってはそちらを活用してもらいたい。力を借りるところは、遠慮なく借りてほしい。事前準備やタイミングの情報を他で調達することができれば、ご自身で準備すべきは〝強い精神力〟だけである。

将来的に上昇が見込める相場に投資する

さて、ここで取引を行なう対象について重要なことをお伝えしておこう。それは暴落時に手掛ける株式相場は、将来上昇を見込むことができる相場にすることである。すると、先進国の株式相場を対象にするのが無難であることがわかる。新興国は経済がまだ脆弱なことがあるので、大暴落時にそのまま国の経済危機を誘発して株式相場が戻ってこない、いわゆる〝行ったきり〟になることも考えられる。だから、今であれば「米国株」が最適だろう。

しかも個別銘柄では恐慌のあおりを受けてそのまま破綻してしまうかもしれないので、株式指数に連動するＥＴＦ（上場投資信託）などを狙うのがよい。

ちなみに、次のショックでは先進国の株でも日本株はあまりお勧めできないかもしれない。確かに二〇〇八年の金融危機では、アメリカやイギリス、ドイツなどの先進国の株式相場と同様の動きが日本の日経平均株価にも見られた。

しかし、現在日本は国が莫大な借金を抱えており、そろそろ限界に近付いている。将来起こるであろう恐慌によってそれに火が付くと、脆弱な新興国のように相場が下がったきり戻らない可能性もないとは言えないのだ。

もちろん、何を投資対象に選択すべきかは今後の状況による。今すぐに恐慌が起こるのであれば、手近な日経平均株価を暴落時に狙ってもまだ問題ないだろう。常に情報を取りながら、機動的に判断して行くことが求められる。

ピンチをチャンスに変える方法

その1：損失額を調整しておく

ここで、これから残りのピンチをチャンスに変える方法をお伝えするが、その前に一つ大きな注意点を挙げておこう。〝ピンチをチャンスに〟というと、ハイリスクハイリターンの一発逆転狙いの取引をイメージされるかもしれないが、決してそんなことはない。何も、ギャンブルを推奨するわけではないのだ。孫子の兵法の如く、「勝つべくして勝つ」方法を心掛けるのである。

投資の世界に〝絶対〟はないので、失敗することもないとは言い切れない。投資で百発百中はあり得ない。そしてここがもっとも重要なところであるが、「失敗した時に致命的な損失に繋がりそうな取引は、あらかじめ必ず避けておく」ということだ。

先ほどの株が大暴落した時に買う方法において、これ以上下がるはずがないと目いっぱい投資を行なってしまうケースを考えてみよう。

持っている現金でＥＴＦを買う分には、ある程度多めに買ってもそれほど問題はないかもしれない。ところが利益を大きくするためにお金を借りたり、信用取引、あるいは先物取引などをしたりして、保有している現金以上の取引を行なうことはやってはいけない行為である。準備をしっかり行なうので勝率は高いだろうが、それでも一〇〇％にはできない。万一、ハズレて損失が出た時に保有資産以上のマイナスが出てしまうと、それだけで市場からどころか人生から強制退場を命じられてしまう可能性がある。

どんな取引でもそうだが、最大の損失がわかる方法、つまり損失を限定できる方法で行ない、上手く損失額を調整しておくことが重要なことなのだ。

だから、その管理が難しそうな信用取引や先物取引を個人で行なうことはまったくお勧めできない。恐慌のように相場が大きく荒れるような時には、特に必要な考え方である。

その2：下がった時に強いものを買っておく

〝ピンチをチャンスに変える〟二つ目の方法は、「下がった時に強いものを買う」ことである。それは単に恐慌時に価格が下がらないものという保全の考え方ではない。恐慌時の株価が暴落しているような局面で逆に上がるようなものということだ。そんなものがあるのかと言えば、実はある――「売り」だ。

正確には「売り」から取引をスタートさせることだが、これを理解するのがなかなか難しい。一般的な株式投資は、「買い」からのスタートだ。現物株を買って値上がりを待ち、「売って」手じまいする。予定通り株が上がっていたら儲かるし、下がっていたら損をする。それに対して「売り」からスタートさせるというのは、実は信用取引や先物取引では「売り」からスタートさせることができるのである。そしてその結果は、先ほどとまったく逆になる。「売り」からスタートした場合、値下がりを期待し、最終的には「買って」手じまいする。予定通り相場が下がっていたら儲かるし、上がっていたら損をする。通常の株式投資とまったく逆の結果になるのである。だから、あらゆる相場が大きく暴落するような恐慌時には、「売り」を上手く活用するのである。

ところが、ここで一つ問題が発生する。私は、個人が信用取引や先物取引を行なうことをお勧めしない。どうしても身の丈を超えた投資になりがちで、致命的な損失を出す可能性があるからだ。それは絶対に避けなければいけない。もちろん信用取引や先物取引の性質をしっかり学びリスク管理をきちんと行なうことができればよいわけだが、それができるのは投資の上級者だ。では、どうするのか。手っ取り早いのは、そのような〝上級者〟に運用をお任せする、つまりファンドを活用するのである。

ファンドとは、単純に人に運用をお任せすることだ。きちんとしたファンドの形になっているものは監査法人や保管銀行がしっかりついているため、中にいる人が横領などをしようと思ってもできないので安心して資産を託すことができる。それでいてファンドになっているため、仮にその中で信用取引や先物取引を行なって万一、大失敗したとしても、投資額以上の損が出ることはないので身の丈を超えるほどの致命的な損は出ないようになっているのだ。

では、肝心の運用はと言えば、数多くの種類があるので適したファンドを選択する必要がある。今回はピンチをチャンスに変える方法ということで、恐慌時に強いファンドを探すわけである。

恐慌時に強いファンドを探す時にキーワードになるのは、そのファンドが「MF戦略」であるかどうかだ。MF戦略とは、「マネージド・フューチャーズ戦略」の略称である。「マネージド」が「管理された」を、「フューチャーズ」が「先物」をそれぞれ表している。つまりMF戦略は、先物をコンピュータで上手くコントロールしながら運用する戦略のことを指す。

世界中の株式や債券、金利、通貨、商品といったあらゆる先物市場を投資対象にし、多いものでは五〇〇を超える市場への分散を行なう。先物なので、値上がり局面（相場の上昇局面）を狙い「買い」からスタートしたり、値下がり局面を狙い「売り」からスタートしたりして比較的どのような相場環境でも収益を得ようとするが、特に強いのは相場が大きく下がる局面である。

だから、恐慌時になれば、このＭＦ戦略のファンドは成績の優劣こそあれ、大なり小なり運用収益が期待できるのである。実際に、大半のファンドや株式、債券、為替などプロ投資家などが甚大なダメージを被った二〇〇八年の金融危機で、ＭＦ戦略のファンドは軒並み極めて優れた成績を挙げている。

実例は、二〇〇八年だけではない。アメリカで起こった「９・11同時多発テロ」や「二〇〇〇年代のＩＴバブル崩壊」、最近では「二〇一四年の原油暴落」などの局面でも収益を上げ、その強さを遺憾なく発揮してきた。となると、これから起こるであろう恐慌でもＭＦ戦略が活躍することが大いに期待できる。

このＭＦ戦略のファンドについて、どのように情報を入手し調査すればよいか迷っている方は、その部分を第二海援隊グループにお任せしてほしい。第二海援隊グループの会員制組織である「プラチナクラブ」「ロイヤル資産クラブ」「自分年金クラブ」では海外の魅力的なファンドの調査や情報提供を行なっており、その中で「FF」や「T―ミニ」といったMF戦略のファンドを情報提供している。そちらを活用すれば、数多ある世界中のファンドを自分で一から調査して選択する必要はない。

番外編：投資の上級者に運用を任せる

ファンドの話のついでに、〝ピンチをチャンスに〟の番外編に触れておこう。実は、ファンドの中には積極的にリスクを許容しながらハイリターンを目指すファンドもある。その中で、上昇相場において目いっぱい投資を行なうものがあるのだ。この目いっぱいの方法が現物ではなく先物を活用して行なうため、保有している資産以上の投資効果を出そうとする。だから上手く行った場合には、一般的な株式指数をはるかに凌駕する結果を出すことになる。

その成功例として取り上げるのは、「Ｐファンド」である。二〇一二年三月から二〇一九年七月までの運用実績があるが、その間アメリカの株式指数であるＳ＆Ｐ５００の上昇率は年率一一％に対して、「Ｐファンド」はなんと年率五六％もたたき出しているのである。この「Ｐファンド」は、Ｓ＆Ｐ５００の値動きよりも約三倍も荒い動きをする。そして、株式市場が下がる時は「Ｐファンド」も下がる時が多く、特に二〇一五年八月の中国株初の世界株急落や最近の二〇一八年二月のＶＩＸショック、二〇一八年一〇月の米国株の急落などの局面では、単月でそれぞれ一五％以上のマイナスを出している。一方、今年二〇一九年は絶好調で、Ｓ＆Ｐ５００が二〇一九年七月までの年初来で一九％に対して、「Ｐファンド」は一二二％と想像を絶する収益を出している。

これはまさに、保有している資産以上の投資効果を出そうとした結果であるが、こんなことを個人が行なうことはまったくお勧めしない。たとえるなら、スポーツカーの最高時速のリミッターを振り切った状態で走行しているようなもので、素人の場合には危なっかしくて仕方がない。そして、事故をした時の影響が計り知れず、まず間違いなく運転者は無事ではすまない。ところが、これをF1レーサーのようなプロの運転手が行なうことで、リスク管理ができ、万一、事故が起きたとしても、自分自身は致命傷にならないのである。「Pファンド」のような尖ったファンドは、このように活用することが考えられる。

実は、この「Pファンド」に投資すべき時は、今ではない。上昇相場を期待するファンドなので、恐慌時には大きく値下がりするだろう。通常の株式指数よりもはるかに大きく下げても不思議ではない。場合によっては、壊滅的な打撃を受けてファンドが存続できなくなるかもしれない。ただ、もし恐慌時に「Pファンド」が生き残ったら、そこからの回復は目を見張るものがあるだろう。株式指数では到底出せない上昇率をたたき出すことが期待できる。だから、一つ目の方法で紹介した株のETFのように、暴落するところをじっくり狙い、ここぞというところで投資するのである。

恐慌時に〝ピンチをチャンスに変える〟方法として、このようなファンドの使い方があることも番外編として載せておく。なお、この「Pファンド」は当社会員制クラブで情報提供の可能性もあるので、注目しておいてほしい。

その3：「オプション取引」を使う

最後の三つ目は、いよいよ〝真打登場〟といってもよい。実は、これまでの方法がかすんで見えてしまうほどの効力を持った方法である。これまでの投資に比べるとあまりに非常識な結果なので、まず概要を説明するより先に実例を見てもらった方がよいだろう。

前回の恐慌の例としてやはり二〇〇八年を取り上げるが、この時金融商品の中でなんと一〇〇〇倍以上になったものが存在する。ここで改めて強調しておくと、一〇〇〇〝%〟ではない。一〇〇〇〝倍〟である。一〇〇〇円で投資したものが一二五万円になったのだ。しかも、この間わずか一ヵ月と一〇日のことである。この金融商品とは何か。「権利行使価格九二五〇円のプット」という銘柄、そう〝オプション取引〟のことである。

オプション取引は、普段から二倍、三倍のチャンスがごろごろしている。一〇倍になることも年に数回ほどはあるし、一、二年の中では一〇〇倍になるチャンスもある。しかも、それに要する期間はわずか一週間ぐらいの短期間、いや本当に短ければわずか一日の間で起きたりする。このように、大きな収益チャンスが至るところにごろごろ転がっているのがオプション取引の魅力である。

ただし、注意すべきは、チャンスが転がっている分、損をする機会も同様に数多く転がっていることだ。そのため、オプション取引のことをしっかり理解した上で慎重に使うべきところで取引する必要がある。このオプション取引を使って、どのように恐慌対策を行なうのかを今から説明しよう。

オプション取引には、大きく分けると二つの方法がある。そのうちの一つの方法を行なうと、相場が大きく動いた時に収益を得ることができるのだ。動けば動くほど良い。しかも相場が大きく上昇しても、大きく下落してもどちらでも収益を得る方法がある。だから恐慌のように大暴落になれば、まさにオプション取引を使うことで絶好の収益機会にすることができるのである。

これからくる大暴落は、二〇〇八年の金融危機に匹敵するだろうと見ているので、また一〇〇〇倍以上にできるチャンスが間もなくやってくるだろうと考えている。もし、そのチャンスを上手くつかむことができて一万円をオプション取引で運用することができれば、なんと一万円×一〇〇〇で一〇〇〇万円にすることができるのだ。しかも前回と同様と仮定すれば、かかる日にちは一ヵ月ちょっとの短期間である。元手をさらに大きくして一〇万円にすれば、一〇万円×一〇〇〇で一億円になる計算である。これなら普通のサラリーマンや主婦でも投資が可能だし、上手く行けばわずかの間に〝億〟という大金を得ることができるのだ。

このような圧倒的な破壊力のある投資の場合、上手く行った時は信じられないぐらいの収益を生む代わりに、失敗した時には目も当てられなくなるのではないかと危惧される方もいるかもしれない。一〇万円が上手く行って一億円になるのであれば、失敗するとなけなしの全財産が取られるのではないかという話である。投資の世界は、ローリスク・ローリターン、ハイリスク・ハイリターンが基本だから、その不安も納得できる。だが、安心してほしい。このオプション取引では、損失を限定することが可能なのだ。やり方さえ間違えなければ、想定すべき最悪のケースで投資額をすべて失うまでですむ。投資額以上の損失が出ないように、初めから設定することができるのだ。それでいて、短期間に大きな収益を得る可能性があるのである。

年に二回、サマージャンボと年末ジャンボ、あるいはもっと多い頻度で宝くじを買っている人がいるかもしれない。そういった人にこそ魅力的な提案をしよう。この二～三年の間は、宝くじを買わずにオプション取引をされてはいかがだろう。宝くじは完全に運任せだが、オプション取引の場合には相場の動き次第だから、自分の読みを収益に繋げることができるのだ。

しかも目の前に、〝世界大恐慌〟といったオプション取引にとってまさに絶好のビッグウェーブが迫っているわけである。普通なら戦々恐々とするような経済変動だが、オプション取引を知っていると逆にワクワクするだろう。これほど、ピンチをチャンスに変えるのにうってつけな特別なノウハウは他にない、と言っても過言ではないだろう。

ピンチをチャンスに変えるノウハウ【攻め】

1: 損失額を調整しておく

2: 下がった時に強いものを買っておく

番外編: 投資の上級者に運用を任せる

3: オプション取引で「プット」の「買い」を行なう

オプション取引とは？

恐慌を目の前にしてオプション取引がいかに魅力的かをご理解いただけたことだろう。しかし、この取引を理解しようと書店で〝入門〟と書かれた専門書を手に取ることはやめた方がよい。オプション取引は金融工学などを駆使した最先端のものだから、いきなり数字やアルファベット、見たこともないような数式が書かれていたりする。まったくどこが入門書なのか意味不明で、このせいでオプション取引は自分には理解できない難解なものと敬遠してしまう方もいるのではないか。これほど魅力的な取引でありながら、一般に知られてないのはこういった原因もあるだろう。実にもったいない話である。

オプション取引は、そのような複雑なものだから、すべてを理解することはまず諦めた方がよい。その上で必要最小限の知識を身に付け、後は小さな金額で実際に取引を繰り返し行なうのが一番手っ取り早い。オプション取引の最少取引金額は一〇〇〇〇円だから、たとえば数千円で何度も行なえば次第に慣れて行くだろうし、それで恐慌という大ピンチをチャンスにする取引を行なうことが実際に可能になるのだ。

これは、車の運転に似ている。車の仕組みを知らなくても、教習所に通って練習すれば誰でも運転することができる。もちろん、車の運転の上手い下手はある。中には、車の運転だけでは満足できずに車の仕組みを熟知しようとする人も出てくるかもしれない。そこまでやらなくても、ちょっと遠くのスーパーや駅、あるいは休日に海や山まで行くのに歩くよりも車を使った方が劇的に早くなる。投資の世界におけるオプション取引とはこのような車のようなもので、使うことによって劇的に投資効率を上げることができるものなのである。

さて、オプション取引についての必要最小限の知識をここで少し触れておこう。今までの株を買ったり、投信を買ったりする取引とはまったく異なるので、特にオプション取引は初めてという方は十分注意されたい。同じ乗り物だからといって、自転車に乗るような感覚で車を運転してはいけないのだ。気持ちをまっさらな状態で、初心を持って読み進めてほしい。

まず、オプション取引を行なう上で必要な技術がある。オプションは大阪取引所に上場している金融商品で、証券会社を通じて取引を行なう。その時、ほとんどの証券会社はホームページ上でネットを通じて行なうことを要求してくる。だから、ネット取引の技術は身に付けておく必要がある。すでにネットで銀行や証券会社とやり取りしている人、またはネットで旅行の予約やショッピングをしたことのある人は何も問題がない。問題は、まったくネットを使ったことがない人だ。ただ、今や何でもネットでやり取りできる時代なので、そういった人はこれを機に覚えていただくのがよいだろう。

次にオプションの取引について、買う権利を表す「コール」と売る権利を表す「プット」の二つがある。そして、この「コール」と「プット」とも「買い」からと「売り」からの両方から取引を始めることができる。オプションを理解する上でここが一番難しい部分なので、慣れるまではその取引とその投資効果とを一緒に丸暗記することをお勧めする。

一つ目の「コール」の「買い」は、相場が上昇することに期待する取引である。

二つ目の「プット」の「買い」は、相場が下落することに期待する取引である。

三つ目の「コール」の「売り」は、相場が上がらないことに期待する取引である。

四つ目の「プット」の「売り」は、相場が下がらないことに期待する取引である。

一つ目と二つ目の「買い」からスタートする取引は、最初に買うためのお金を払っているので、後はそれを売って取引を終える。売れなかった場合はそのままである。買った時よりも高く売るとプラスが出て、安く売るとマイナスが出る。ここでポイントは、「買い」からスタートした場合、後はそれをいくらで売ることができるかだけなので最大の損失は買値に限定されることだ。

三つ目と四つ目の「売り」から取引をスタートさせると、まずは売った分のお金が入ってくる。ただ、手元にないものを売っているので、後で必ず買い戻す必要がある。売った時よりも買い戻しの方が安くなれば、その分プラスが出て買い戻しの方が高くなればマイナスが出る。買い戻そうとしたものの価値がゼロになっている場合には、売った分がすべて収益となる。ここでポイントは

「売り」からスタートした場合、たとえとんでもなく高額になっていたとしても必ず買い戻す必要があり、最大の損失が限定されないことだ。

一つ目から四つ目まででオプションの取引を説明した。この中で、大暴落が起きた際、ピンチをチャンスに変えることができる方法がわかるだろうか。答えは、二つ目の「プット」の「買い」を行なうことである。

もう一度確認しておくと、「プット」の「買い」は、相場が下落することに期待する取引である。相場が下がるのに、なぜ「買い」なのか混乱されるかもしれないが、これは実際に取引を行なっている間に段々わかってくるだろうから、まずは最初の通り暗記しておいてほしい。

また、この四つの取引の中に禁じ手が混ざっているのだがどれかわかるだろうか。答えは、三つ目と四つ目の「売り」からスタートさせることである。これを行なうと損失が限定されず、投資のプロでもまれに再起不能な状態に追い込まれることがある。だから、基本的には絶対に手を出すべきものではない。

なお、オプション取引には〝限月〟と呼ばれる満期のような締め日が存在し、

オプションの4つの取引とその投資効果

1つ目:「コール」の「買い」

相場が上昇する
ことに期待する取引

2つ目:「プット」の「買い」

相場が下落する
ことに期待する取引

3つ目:「コール」の「売り」

相場が上がらない
ことに期待する取引

4つ目:「プット」の「売り」

相場が下がらない
ことに期待する取引

その日に取引はすべて清算される。通常、オプション取引を行なう際には直近の限月で行なうため、どんなに長くても約一ヵ月間と短期決戦になる。この短い間に一〇倍、一〇〇倍、一〇〇〇倍というように大きく増えることがあり、その投資効率の良さがオプション取引の最大の魅力であろう。

今回、オプション取引を行なう上で基本の部分を少しお伝えしたが、実際に取引を行なうにはまだまだ知識が足りない。車で言えば、アクセルの踏み方、ハンドルの回し方、バックする方法を覚えたぐらいである。実際にはこれだけではなく、もう少し知識を身に付けた上でオプション取引に取り組んでほしい。

そのオプション取引の基本知識を身に付けていただく上で、オプション取引の超入門書と言うべき拙書『一〇万円を一〇年で一〇億円にする方法』(第二海援隊刊)を活用いただきたい。また、独学で車を運転できるようになればよいのだが、それはかなり難しいだろう。そこで教習所のような役割を持つ弊社「オプション研究会」への入会もお勧めしておく。そこでは、オプションの基礎知識や取引方法はもちろんのこと、相場の大暴落時に具体的にどのようにオプション取引で大きな収益を得ようとするのかを手取り足取りサポートさせていただいている。詳しくは巻末二五二ページを参照されたい。

資産家は恐慌時に生まれる

私の会社の社名である「第二海援隊」の由来は、幕末の江戸から明治に移る時代を駆け抜けた偉大な人物である坂本龍馬が作った「海援隊」にある。

さて、この時代を表す言葉に「明治維新」が挙げられるが、この言葉が実は明治に入ってずいぶん経ってから使われ始めたということをご存じだろうか。明治一三、一四年頃になって初めて出てくるのだ。では、明治の初期はなんと呼ばれていたかと言えば「瓦解」、または「御一新」である。瓦解とは、徳川幕府や江戸時代が崩壊したことを指し、御一新も新しい薩長時代に変わったことを意味した。

世界の歴史を見ると、明治維新のようないわゆる〝革命〟がそこかしこにある。フランス革命やロシア革命などで、いずれも維新や革命というと聞こえはよいがどれもそれまでの体制の崩壊を意味し、大きな犠牲の上に築かれている。特に犠牲を強いられたのは、その時の権力者や特権階級、今でいう超富裕層や富裕層である。その超富裕層や富裕層がそれによって地に落ちたわけだ。

代わりに時代の潮流に乗ってきた薩長のような存在が、御一新で成り上がったのだ。そしてこれは、いつの時代でも国や場所が変わっても共通する普遍のことである。

資産家は恐慌時に生まれる。変動がなければ今の地位を失わない代わりに、大きく成り上がることもできない。今、富裕層でなければなかなか富裕層に成り上がることはできないし、超富裕層にはまずなれない。

ところが大きな変動があった時、その変動に上手く乗ることができればとんでもなく成り上がることができるのである。その意味で、大暴落また大恐慌とは決して悲観するべきものではないのだ。ぜひ、このピンチをチャンスに変える特別なノウハウを参考に、〝成り上がりの戦略〟を立ててほしい。

エピローグ

明日は明日の風が吹く

（河竹黙阿弥）

次の恐慌は、マグマを溜めて数年以内に爆発する

私たち人類は、資本主義の誕生以来、無数の恐慌を経験してきた。

その中でも歴史に名を残すものは一九二九年の株価大暴落に端を発する一九三〇年代の世界大恐慌だ。これは、アメリカのニューヨーク株式市場の崩壊が原因で起きたわけだが、その直前の一九二〇年代にはアメリカは「怒涛の二〇年代」と言われる未曽有の好況を謳歌した。人々は株価の上昇に浮かれ、借金までして注目銘柄に投資した。

そして最近の出来事としては、二〇〇八年のリーマン・ショックが人々の記憶に新しい。「ミニ恐慌」は一〇年に一度の頻度でやってくる。そんなことがあるはずがない、と思われた方は次の事実を聞いてほしい。一九八七年（ニューヨークブラックマンデー）→一九九七年（アジア危機）→二〇〇八年（リーマン・ショック）だ。では、次の一〇年後の二〇一八年は？　そう、何も起きな

かった。

しかし、これは次のように解釈できる。各国政府や日銀が必死に支えているため、本当は二〇一八年か二〇一九年にくるべき株価崩壊（恐慌の始まり）が遅れていると。だが、こうした無理矢理の延命は気休めに過ぎない。それどころか、後になって倍返しで手ひどいシッペ返しとなって私たちを襲ってくる。それが、「経済の永遠の法則」というものだ。

というわけで、今回の恐慌がその恐るべき全貌を私たちの前に現わすのは、予定より大分遅れて二〇二一年頃のこととなるだろう。しかし、先ほども述べた通り遅れた分、その衝撃の度合いはすさまじいものとなって、世界の金融システムを押し潰してしまうことだろう。その場合、前回（リーマン・ショック）と違い、今回は政府も中央銀行も金融システムを支えることができないかもしれない。その時、私たちの預貯金は存亡の瀬戸際に立たされる。

というわけで、命がけで対策を立てるべき時にきた。「財産と命をめぐる一〇〇年に一度の大事件」がこれから始まろうとしている。それは、あなたの危機

管理の能力が問われる時でもある。本書を何度も読まれて、なるべく早く手を打っていただきたい。皆さんのご健闘を祈る‼

二〇一九年一〇月吉日

浅井　隆

■今後、『2020年の衝撃』『デイトレ・ポンちゃん』『中国発世界大恐慌で1ドル=90円、日経平均1万4000円へ』（すべて仮題）を順次出版予定です。ご期待下さい。

浅井隆からの重要なお知らせ

――恐慌および国家破産を勝ち残るための具体的ノウハウ

「オプション研究会」好評始動中!!

リーマン・ショックから一〇年。市場はすさまじい恐慌相場による教訓を忘れ、一部では溢れかえる金融緩和マネーの流入によってバブル経済を引き起こしつつあります。世界経済は次なる暴落局面に向けて着々とエネルギーを蓄えているかのようです。しかし、こうした相場大変動の局面は「オプション投資」にとっては千載一遇の大チャンスにもなり得ます。

このチャンスをしっかりとモノにできれば、サラリーマンは資産家に、そして小金持ちは大富豪になることすら夢ではありません。ただ、この好機をつかむためには、オプション取引の基本を理解し、暴落相場における収益シミュレーションを入念に行なって、いざコトがはじまった時にすぐさま対応できるよう準備を整えることが何より重要です。またこうした準備は、なるべく早いうちに行なうことが成功のカギとなります。

そこで今回、浅井隆自らがオプション投資の魅力と活用のコツ、そしてそれを実践するための基本から、暴落時の投資シナリオに至るまでの必要な知識と実践法を伝授し、そしてイザ大変動が到来した際は、投資タイミングに関する情報も発信する新たな会員制クラブ「オプション研究会」を二〇一八年一〇月一日に発足しました。募集早々からお問い合わせが殺到し、第一次募集の定員一〇〇名と、追加枠の一〇〇名の合計二〇〇名についても満員となりました。現在はキャンセル待ちにてのご入会受付となっており、入会までお時間をいただくことになりますことをご了承下さい。なお体制整備を図り、二〇一九年内には最後の追加募集を実施する予定です。こちらも応募の殺到が予想されますので、お早めのお申し込みをお奨めします。

ここで「オプション取引」についてご存じない方のために、ごく簡単にその魅力の一端をご紹介します。

まず、投資対象は大阪取引所に上場されている「日経平均オプション」という金融商品で、ある将来時点での日経平均株価を、あらかじめ決まった価格で「買う」または「売る」ことのできる権利を売買する取引になります。投資に少し明るい方や投資本などからは「リスクが高く難しいプロ向けの投資法」という指摘がありますが、これは「オプション取引」の一側面を説明しているに過ぎません。実は基本的な仕組みとリスクの高いポイントを正しく理解すれば、リスクを限定しつつ、少額から投資して資金を数十~数百倍にもすることが可能となる、極めて魅力的な投資法となるのです。

オプション取引の主なポイントは以下の通りです。

①取引を権利の「買い建て」に限定すれば、損失は投資した額に限定され、追証が発生しない（つまり損失は限定）

②数千もの銘柄がある株式投資と異なり、日経平均の「買う権利」（コール）

オプションとは

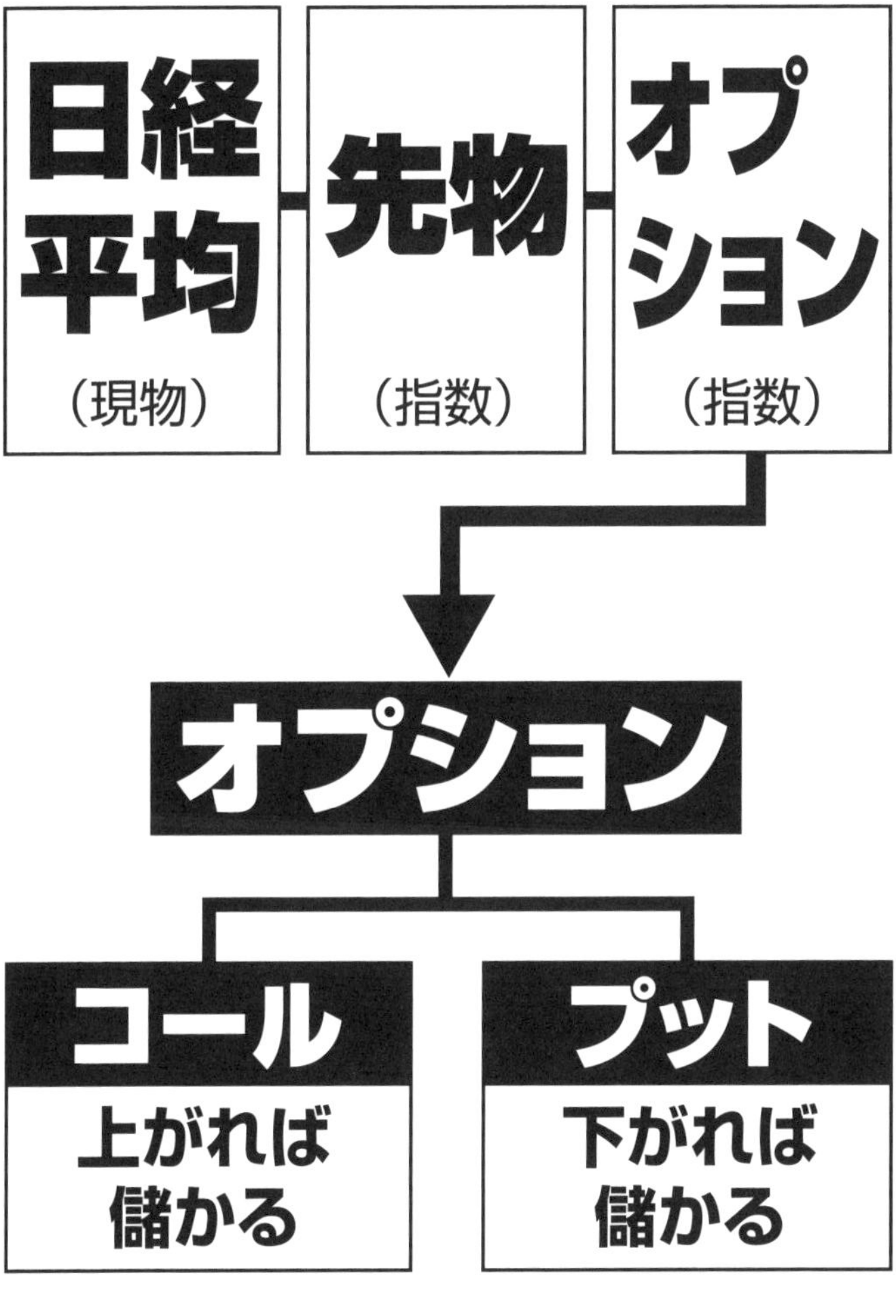

を買うか「売る権利」(プット)を買うかなので、ある意味単純明快③日本の株価がいつ大きく動くのか、タイミングを当てることが成否の最大のポイント

④給与や年金とは分離して課税される（税率約二〇％）

⑤二〇一九年後半～二〇二〇年、株式相場は大荒れが予想されるのでオプションは人生最大のチャンスになる！

「オプション研究会」では、オプション投資はおろか株式投資の経験もないという方でも、チャンス到来の時にはしっかりと取引を行なって収益機会を活用できることを目指し、懇切丁寧に指導いたします。もちろん、オプション取引は「誰でも簡単に投資し、利益を得られる」というものではありませんが、「一生に一度」にもなるかもしれない好機をぜひ活かしたいという意欲があれば、必ずやこのクラブを通じてオプション投資の基本を習得し、そして実践できるだけの力を身に付けていただけると自負いたします。また、大きな収益期待があるある投資方法は、それに伴うリスクにも十分に注意が必要となりますが、その

点についてもクラブにて手厚く指導いたしますのでご安心下さい。
ご関心がおありの方は、ぜひこのチャンスを逃さずにお問い合わせ下さい。
「㈱日本インベストメント・リサーチ　オプション研究会」担当　山内・稲垣・関。
ＴＥＬ：〇三（三二九一）七二九一　ＦＡＸ：〇三（三二九一）七二九二
Ｅメール：info@nihoninvest.co.jp

浅井隆が詳説！「オプション研究会」無料説明会ＤＶＤ

オプションに重大な関心を寄せているものの、どのようにしてオプション投資にとりかかればよいかわからないという方のために、浅井隆自らがオプション投資の魅力と活用のコツ、そしてそれを実践するための専門的な助言クラブである「オプション研究会」の内容を詳しく解説した無料説明会ＤＶＤを頒布いたします（内容は二〇一八年一二月一五日に開催した説明会を収録したものです）。「書籍を読んだけど、今少し理解を深めたい」「浅井隆からのメッセージを直接聞いてみたい」という方は、ぜひこの機会にご入手下さい。なお、音声のみをご希望の方にはＣＤの頒布もございます。

「オプション研究会 無料説明会 受講ＤＶＤ／ＣＤ」

（収録時間：ＤＶＤ・ＣＤとも約一六〇分）

価格：特別ＤＶＤ……三〇〇〇円（実費 送料込）

ＣＤ……二〇〇〇円（実費 送料込）
※ ＤＶＤ・ＣＤとも、お申し込み確認後約一〇日でお届けいたします。
「オプション研究会 無料説明会 受講ＤＶＤ」に関するお問い合わせは、
「㈱日本インベストメント・リサーチ オプション研究会 担当」まで。
ＴＥＬ：〇三（三二九一）七二九一　ＦＡＸ：〇三（三二九一）七二九二
Ｅメール：info@nihoninvest.co.jp

厳しい時代を賢く生き残るために必要な情報収集手段

日本国政府の借金は、先進国中最悪でＧＤＰ比二四〇％に達し、太平洋戦争終戦時を超えていつ破産してもおかしくない状況です。国家破産へのタイムリミットが刻一刻と迫りつつある中、ご自身とご家族の老後を守るためには二つの情報収集が欠かせません。

一つは「国内外の経済情勢」に関する情報収集、もう一つは「海外ファンド」や「海外の銀行口座」に関する情報収集です。これらについては、新聞やテレビなどのメディアやインターネットでの情報収集だけでは十分とは言えません。私はかつて新聞社に勤務し、以前はテレビに出演をしたこともありますが、その経験から言えることは「新聞は参考情報。テレビはあくまでショー（エンターテインメント）」だということです。インターネットも含め誰もが簡単に入手できる情報でこれからの激動の時代を生き残って行くことはできません。

皆さんにとって、もっとも大切なこの二つの情報収集には、第二海援隊グループ（代表：浅井隆）が提供する特殊な情報と具体的なノウハウをぜひご活用下さい。

"恐慌および国家破産対策"の入口「経済トレンドレポート」

皆さんに特にお勧めしたいのが、浅井隆が取材した特殊な情報や、浅井が信頼する人脈から得た秀逸な情報をいち早くお届けする「経済トレンドレポート」です。今まで、数多くの経済予測を的中させてきました。

そうした特別な経済情報を年三三回（一〇日に一回）発行のレポートでお届けします。初心者や経済情報に慣れていない方にも読みやすい内容で、新聞やインターネットに先立つ情報や、大手マスコミとは異なる切り口からまとめた情報を掲載しています。

さらにその中で恐慌、国家破産に関する『特別緊急警告』『恐慌警報』も流しております。「激動の二一世紀を生き残るために対策をしなければならないことは理解したが、何から手を付ければよいかわからない」「経済情報をタイムリー

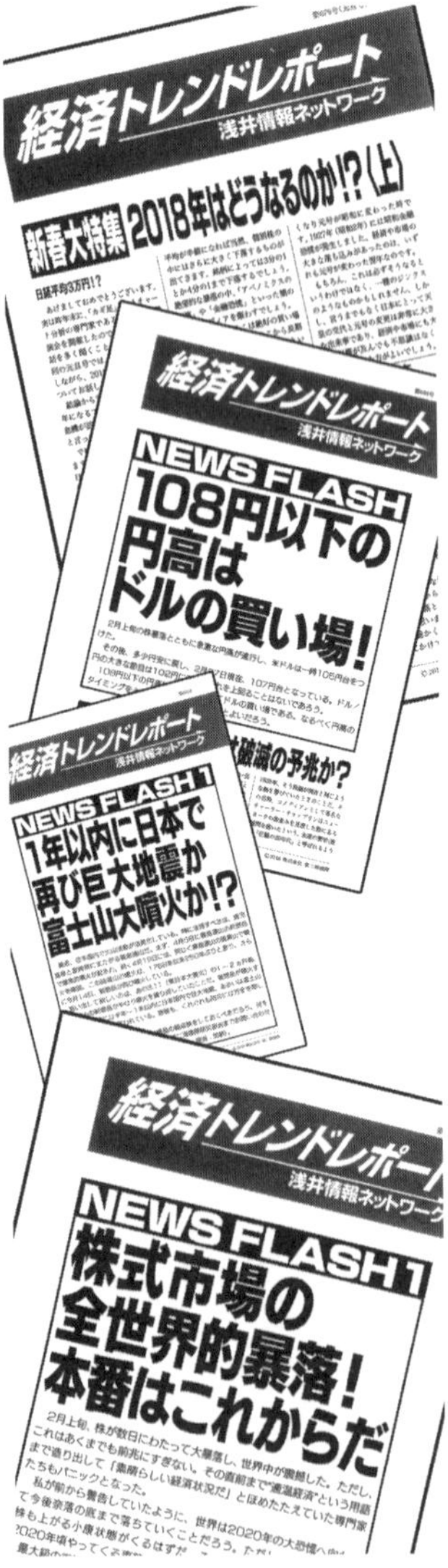

に得たいが、難しい内容にはついて行けない」という方は、まずこの経済トレンドレポートをご購読下さい。経済トレンドレポートの会員になられますと、講演会など様々な割引・特典を受けられます。詳しいお問い合わせ先は、㈱第二海援隊まで。

恐慌・国家破産への実践的な対策を伝授する会員制クラブ

国家破産対策を本格的に実践したい方にぜひお勧めしたいのが、第二海援隊の一〇〇%子会社「株式会社日本インベストメント・リサーチ」（関東財務局長（金商）第九二六号）が運営する三つの会員制クラブ（「自分年金クラブ」「ロイヤル資産クラブ」「プラチナクラブ」）です。

まず、この三つのクラブについて簡単にご紹介しましょう。「自分年金クラブ」は、資産一〇〇〇万円未満の方向け、「ロイヤル資産クラブ」は資産一〇〇〇万〜数千万円程度の方向け、そして最高峰の「プラチナクラブ」は資産一億円以上の方向け（ご入会条件は資産五〇〇〇万円以上）で、それぞれの資産規模に応じた魅力的な海外ファンドの銘柄情報や、国内外の金融機関の活用法に関する情報を提供しています。

恐慌・国家破産は、なんと言っても海外ファンドや海外口座といった「海外の活用」が極めて有効な対策となります。特に海外ファンドについては、私たちは早くからその有効性に注目し、二〇年以上にわたって世界中の銘柄を調査してまいりました。本物の実力を持つ海外ファンドの中には、恐慌や国家破産といった有事に実力を発揮するのみならず、平時には資産運用としても魅力的なパフォーマンスを示すものがあります。こうした情報を厳選してお届けするのが、三つの会員制クラブの最大の特長です。

その一例をご紹介しましょう。三クラブ共通で情報提供する「ATファンド」は、先進国が軒並みゼロ金利というこのご時世にあって、年率六~七%の収益を安定的に挙げています。これは、たとえば三〇〇万円を預けると毎年約二〇万円の収益を複利で得られ、およそ一〇年で資産が二倍になる計算となります。しかもこのファンドは、二〇一四年の運用開始から一度もマイナスを計上したことがないという、極めて優秀な運用実績を残しています。日本国内の投資信託などではとても信じられない数字ですが、世界中を見渡せばこうした優れた銘柄はまだまだあるのです。

冒頭にご紹介した三つのクラブでは、「ATファンド」をはじめとしてより高い収益力が期待できる銘柄や、恐慌などの有事により強い力を期待できる銘柄など、様々な魅力を持ったファンド情報をお届けしています。なお、資産規模が大きいクラブほど、取扱銘柄数も多くなっております。

また、ファンドだけでなく金融機関選びも極めて重要です。単に有事にも耐え得る高い信頼性というだけでなく、各種手数料の優遇や有利な金利が設定されている、日本にいながらにして海外の市場と取引ができるなど、金融機関も様々な特長を持っています。こうした中から、各クラブでは資産規模に適した、魅力的な条件を持つ国内外の金融機関に関する情報を提供し、またその活用方法についてもアドバイスしています。

その他、国内外の金融ルールや国内税制などに関する情報など資産防衛に有用な様々な情報を発信、会員様の資産に関するご相談にもお応えしております。浅井隆が長年研究・実践してきた国家破産対策のノウハウを、ぜひあなたの大切な資産防衛にお役立て下さい。

詳しいお問い合わせは「㈱日本インベストメント・リサーチ」まで。

TEL：〇三（三二九一）七二九一　FAX：〇三（三二九一）七二九二

Eメール：info@nihoninvest.co.jp

「ダイヤモンド投資情報センター」

現物資産を持つことで資産保全を考える場合、小さくて軽いダイヤモンドは持ち運びも簡単で、大変有効な手段と言えます。近代画壇の巨匠・藤田嗣治は第二次世界大戦後、混乱する世界を渡り歩く際、資産として持っていたダイヤモンドを絵の具のチューブに隠して持ち出し、渡航後の糧にしました。金《きん》だけの資産防衛では不安という方は、ダイヤモンドを検討するのも一手でしょう。

しかし、ダイヤモンドの場合、金《きん》とは違って公的な市場が存在せず、専門の鑑定士がダイヤモンドの品質をそれぞれ一点ずつ評価して値段が決まるため、売り買いは金《きん》に比べるとかなり難しいという事情があります。そのため、信頼できる専門家や取扱店と巡り合えるかが、ダイヤモンドでの資産保全の成否の分かれ目です。

そこで、信頼できるルートを確保し業者間価格の数割引という価格での購入が可能で、GIA（米国宝石学会）の鑑定書付きという海外に持ち運んでも適正価格での売却が可能な条件を備えたダイヤモンドの売買ができる情報を提供いたします。

ご関心がある方は「ダイヤモンド投資情報センター」にお問い合わせ下さい。

TEL：〇三（三二九一）六一〇六　担当：大津

『浅井隆と行くニュージーランド視察ツアー』

南半球の小国でありながら独自の国家戦略を掲げる国、ニュージーランド。浅井隆が二〇年前から注目してきたこの国が今、「世界でもっとも安全な国」として世界中から脚光を浴びています。核や自然災害の脅威、資本主義の崩壊に備え、世界中の大富豪がニュージーランドに広大な土地を購入し、サバイバル施設を建設しています。さらに、財産の保全先（相続税、贈与税、キャピタルゲイン課税がありません）、移住先としてもこれ以上の国はないかもしれません。

そのニュージーランドを浅井隆と共に訪問する、「浅井隆と行くニュージーランド視察ツアー」を毎年一一月に開催しております。現地では浅井の経済最新情報レクチャーもございます。内容の充実した素晴らしいツアーです。ぜひ、ご参加下さい。

TEL：〇三（三二九一）六一〇六　担当：大津

浅井隆のナマの声が聞ける講演会

著者・浅井隆の講演会を開催いたします。二〇二〇年は東京・一月一八日（土）、大阪・四月二三日（木）、東京・四月二八日（火）、福岡・五月一日（金）を予定しております。経済の最新情報をお伝えすると共に、生き残りの具体的な対策を詳しく、わかりやすく解説いたします。
活字では伝えることのできない肉声による貴重な情報にご期待下さい。
詳しいお問い合わせ先は、㈱第二海援隊まで。
■第二海援隊連絡先
TEL：〇三（三二九一）六一〇六　FAX：〇三（三二九一）六九〇〇
Eメール：info@dainikaientai.co.jp
ホームページアドレス：http://www.dainikaientai.co.jp/

金に関する本当の情報をお伝えする特別レクチャー

私の会社では、これまで述べてきたように国家破産時の最後の資産保全手段である金《きん》（ゴールド）について『金《きん》』の全てを語る講演会」を二〇一九年一二月一四日（土）東京御茶ノ水の第二海援隊隣接セミナールームにて特別開催いたします。質問時間もたっぷりありますので、ぜひご参加下さい。

詳しいお問い合わせ先は、㈱第二海援隊まで。

■第二海援隊連絡先
TEL：〇三（三二九一）六一〇六　FAX：〇三（三二九一）六九〇〇
Eメール：info@dainikaientai.co.jp
ホームページアドレス：http://www.dainikaientai.co.jp/

第二海援隊ホームページ

また、第二海援隊では様々な情報をインターネット上でも提供しております。詳しくは「第二海援隊ホームページ」をご覧下さい。私ども第二海援隊グループは、皆さんの大切な財産を経済変動や国家破産から守り殖やすためのあらゆる情報提供とお手伝いを全力で行ないます。

また、浅井隆によるコラム「天国と地獄」を一〇日に一回、更新中です。経済を中心に、長期的な視野に立って浅井隆の海外をはじめ現地生取材の様子をレポートするなど、独自の視点からオリジナリティ溢れる内容をお届けします。
ホームページアドレス：http://www.dainikaientai.co.jp/

〈参考文献〉

【新聞・通信社】

『日本経済新聞』『ブルームバーグ』『ロイター』

【書籍】

『予見された経済危機　ルービニ教授が「読む」世界史の転換』（倉都康行・日経ＢＰ社）
『未来の年表』（河合雅司・講談社）

【拙著】

『10万円を10年で10億円にする方法！』（第二海援隊）
『都銀、ゆうちょ、農林中金まで危ない⁉』（第二海援隊）
『国家破産ベネズエラ突撃取材』（第二海援隊）
『恐慌と国家破産を大チャンスに変える！』（第二海援隊）
『最後のバブルそして金融崩壊』（第二海援隊）
『2017年の衝撃〈下〉』（第二海援隊）『世界恐慌前夜』（第二海援隊）
『ジム・ロジャーズ緊急警告！ 2020年までに世界大恐慌その後通貨は全て紙キレに』（第二海援隊）
『2018年10月までに株と不動産を全て売りなさい！』（第二海援隊）
『大不況サバイバル読本』（第二海援隊）
『国家破産サバイバル読本〈下〉』（第二海援隊）
『世界恐慌か国家破産か〈サバイバル編〉』（第二海援隊）

【その他】

『週刊金融財政事情』『週刊ダイヤモンド』『現代ビジネス』
『明治維新１５０周年、何がめでたい』（半藤一利）

【ホームページ】

フリー百科事典『ウィキペディア』
『ウォールストリート・ジャーナル電子版』『バロンズ』『フォーブス』
『フィナンシャル・タイムズ』『ビジネスインサイダー』『エコノミスト』
『中央日報』『Board of Governors』『FTSE Russell』『ＣＦＲＡ』『S&P』
『ＪＰモルガン』『ロバート・シラー教授ＨＰ』『ヤフー・ファイナンス』
『NEWSポストセブン』『IMF』『IIF』『東洋経済オンライン』『コトバンク』
『全国銀行協会』『野村総合研究所』『預金保険機構』『東京商工リサーチ』
『歌舞伎用語案内』『国家鮟鱇』『錦之介ざんまい』『ＫＫベストセラーズ』
『フィナンシャルスター』『日経BP』

〈著者略歴〉
浅井　隆（あさい　たかし）
経済ジャーナリスト。1954年東京都生まれ。学生時代から経済・社会問題に強い関心を持ち、早稲田大学政治経済学部在学中に環境問題研究会などを主宰。一方で学習塾の経営を手がけ学生ビジネスとして成功を収めるが、思うところあり、一転、海外放浪の旅に出る。帰国後、同校を中退し毎日新聞社に入社。写真記者として世界を股に掛ける過酷な勤務をこなす傍ら、経済の猛勉強に励みつつ独自の取材、執筆活動を展開する。現代日本の問題点、矛盾点に鋭いメスを入れる斬新な切り口は多数の月刊誌などで高い評価を受け、特に1990年東京株式市場暴落のナゾに迫る取材では一大センセーションを巻き起こす。
その後、バブル崩壊後の超円高や平成不況の長期化、金融機関の破綻など数々の経済予測を的中させてベストセラーを多発し、1994年に独立。1996年、従来にないまったく新しい形態の21世紀型情報商社「第二海援隊」を設立し、以後約20年、その経営に携わる一方、精力的に執筆・講演活動を続ける。2005年7月、日本を改革・再生するための日本初の会社である「再生日本21」を立ち上げた。主な著書：『大不況サバイバル読本』『日本発、世界大恐慌！』（徳間書店）『95年の衝撃』（総合法令出版）『勝ち組の経済学』（小学館文庫）『次にくる波』（PHP研究所）『Human Destiny』（『9・11と金融危機はなぜ起きたか!?〈上〉〈下〉』英訳）『あと2年で国債暴落、1ドル＝250円に!!』『いよいよ政府があなたの財産を奪いにやってくる!?』『あなたの老後、もうありません！』『日銀が破綻する日』『預金封鎖、財産税、そして10倍のインフレ!!〈上〉〈下〉』『トランプバブルの正しい儲け方、うまい逃げ方』『世界沈没――地球最後の日』『世界中の大富豪はなぜＮＺに殺到するのか!?〈上〉〈下〉』『円が紙キレになる前に金を買え！』『元号が変わると恐慌と戦争がやってくる!?』『有事資産防衛　金か？　ダイヤか？』『第2のバフェットかソロスになろう!!』『浅井隆の大予言〈上〉〈下〉』『2020年世界大恐慌』『北朝鮮投資大もうけマニュアル』『この国は95%の確率で破綻する!!』『徴兵・核武装論〈上〉〈下〉』『100万円を6ヵ月で2億円にする方法！』『最後のバブルそして金融崩壊』『恐慌と国家破産を大チャンスに変える！』『国家破産ベネズエラ突撃取材』『都銀、ゆうちょ、農林中金まで危ない!?』『10万円を10年で10億円にする方法』『私の金が売れない！』（第二海援隊）など多数。

株大暴落、恐慌目前！

2019年11月6日　初刷発行

著　者　浅井　隆
発行者　浅井　隆
発行所　株式会社　第二海援隊
〒101-0062
東京都千代田区神田駿河台2-5-1　住友不動産御茶ノ水ファーストビル8F
電話番号　03-3291-1821　　FAX番号　03-3291-1820

印刷・製本／株式会社シナノ

 ISBN978-4-86335-200-1

第二海援隊発足にあたって

日本は今、重大な転換期にさしかかっています。にもかかわらず、私たちはこの極東の島国の上で独りよがりのパラダイムにどっぷり浸かって、まだ太平の世を謳歌しています。

しかし、世界はもう動き始めています。その意味で、現在の日本はあまりにも「幕末」に似ているのです。ただ、今の日本人には幕末の日本人と比べて、決定的に欠けているものがあります。それこそ、志と理念です。現在の日本は世界一の債権大国（＝金持ち国家）に登り詰めはしましたが、人間の志と資質という点では、貧弱な国家になりはててしまいました。それこそが、最大の危機といえるかもしれません。

そこで私は「二十一世紀の海援隊」の必要性を是非提唱したいのです。今日本に必要なのは、技術でも資本でもありません。志をもって大変革を遂げることのできる人物と、それを支える情報です。まさに、情報こそ〝力〟なのです。そこで私は本物の情報を発信するための「総合情報商社」および「出版社」こそ、今の日本にもっとも必要と気付き、自らそれを興そうと決心したのです。

しかし、私一人の力では微力です。是非皆さんの力をお貸しいただき、二十一世紀の日本のために少しでも前進できますようご支援、ご協力をお願い申し上げる次第です。

浅井　隆